懷中
良藥
仁丹
銀粒と小粒

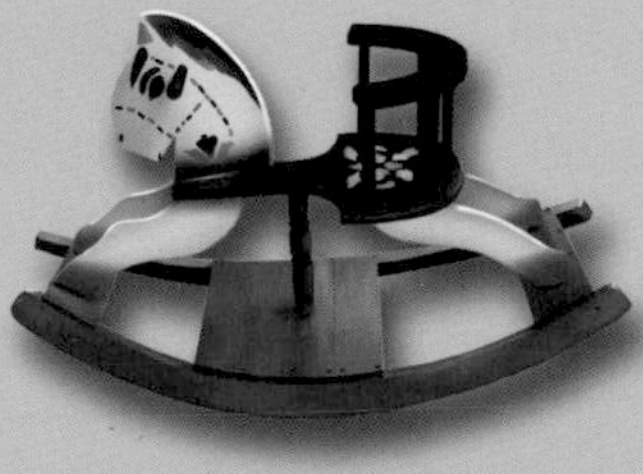

懷中
良藥
仁丹
銀粒と小粒

{圖解}

台灣懷舊柑仔店

凡購買和成牌
小金剛瓦斯爐即送
造型簡約，超凡魅力的機器人
50年代兒童最佳玩伴，
上緊發條GO
西瓜皮髮型配粉嫩臉龐，
造型卡哇伊。
有一對小翅膀，
愛神丘比特（Cupid）
Coca-Cola
ROSA

自序。

[收藏懷舊文物 / 典藏品牌故事]

1969–1980「出生 – 童年 – 愛塗鴉的張大衛」

隨著阿姆斯壯登陸月球，恰巧也是每包都附有玩具的「乖乖」上市的這一年，大衛也在這懷舊的年代誕生。出生於平凡簡單的小康家庭，在樸實的年代中，咬著白雪公主泡泡糖、喝著彈珠汽水和玩尢仔標打彈珠是我童年最快樂的事。小學時期受《漫畫大王》的洗禮，養成隨手亂塗鴉的壞習慣，國語課本裡的偉人圖像，成了我變身塗鴉的創作集，橘色外皮數學作業簿裡的八格習作空白欄，成了我畫動漫最好的作品集。

1981–1990「收藏 – 懷舊 – 興趣養成」

喜愛塗鴉也愛美學包裝商品，尤其是民國 50 年代鐵盒、紙袋或任何印有圖像的外包裝。在早期沒有電腦繪圖的年代，手繪稿成了每個商品對消費者的第一印象，美麗精緻的手繪圖外包裝，讓商品銷售加分，並加深顧客對該商品的品牌印象，有趣的圖解說明，更常大量使用在民國 50 年代盛行的「寄藥袋」，例如咳嗽氣喘的藥，就會畫上一隻蝦子、烏龜和掃把，並以台語發音則爲「蝦龜嗽」；奶粉罐上胖兜兜的嬰兒圖像，代表著該品牌奶粉的營養成效。這些充滿生命力的手繪圖，俗又有力的商品命名，對我的收藏而言，有如著迷般的致命吸引力。

1991-2001「典藏文物－收集品牌故事」

由於熱衷收藏懷舊文物，須了解商品文物的相關背景，更愛文物商品背後的歷史故事，每個品牌故事相互連結，足可串起台灣經濟發展史。1945 台灣光復初期，隨著政府搬遷來台的品牌企業很多，黑人牙膏、生生皮鞋、湯姆西服、明星花露水......將相關類別的文物典藏集中同處，即可知悉相同商品不同品牌之間的商業競爭故事，與其說是收藏懷舊文物，其實我是收藏每個懷舊文物的創業故事。

2002-2013「工作－興趣－實現夢想」

懷舊美學廣泛的被運用在各個商業領域，重新詮釋的經典老歌、復古懷舊零食再起、懷舊餐廳的大量崛起、百貨公司一次次的懷舊復古展......在在顯示現今社會對民國 50 年代的喜愛與重視。

擁有一定數量的懷舊文物收藏，並與我的商業設計結合，是我的主要工作。百貨公司的「懷舊復古商展」成了我的收藏展示間，將商品以「局」收藏（系列收藏），並陳設不同型態的民國 50 年代商店街，讓百貨公司變成了時光隧道機。「復古包裝設計」是我滿足對童年奢望，將一包包平庸的零食，變成懷舊、有趣的經典夢幻零食。「懷舊餐廳設計」是我實現童年街景的大樂高玩具，將「柑仔店」、「唱片行」、「電髮院」......變成主題用餐區並讓台灣懷舊美食加分。在種種懷舊商業設計的背後，尤其喜愛在驗收工程時，看見不同業主的臉上洋溢著歡心滿意的相同表情。

2008 初夏成立「50 年代博物館」，一座收藏時代的私人懷舊博物館。

http://tw.myblog.yahoo.com/1969-oldtaiwanstore/

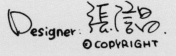

Designer: 張信昌.

關於繪畫。

對於塗鴉畫畫一直有個想法，就像與生俱來不用刻意學習就有，有些人對於數字相當敏銳，有些人對於運動就有天份，當然也有些人就是天生會讀書的那種（氣）。大概是上帝看我不愛念書，所以給我一雙愛塗鴉畫畫的手吧！

如何增強自己繪畫能力呢？除了老天爺給的天份外，臨摹與學習是可以增加繪畫技巧，進而幫助畫作加分的。可以先找出一位自己喜愛畫風的畫家，臨摹他的作畫風格、特色與筆法，學習久了便可加入自己特有的繪畫風格，然後形成一種獨特的自我畫風。

張大衛外出時，通常會隨身背著相機，看見身邊美麗或令人感動的畫面，便隨時拍下取景，再放入電腦圖庫中存檔。作畫時會先回想拍攝時讓自己感動的理由，再把情感加諸在畫作上。個人偏好不上色的針筆手繪方式，利用不同粗細的筆觸，繪製一張張會令自己感動的作品。尤其喜愛懷舊復古風，只要是關於台灣早期的文物商品我都超愛，想把「它們」最美麗的身影畫入我的作品集內，讓更多喜愛老台灣懷舊風的朋友透過畫作，回憶當年那樸實純真的年代。

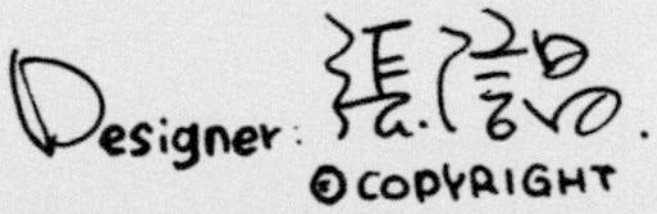

推薦序。

[時光的容器・生活的縮影]

前一陣子有一個設計媒體問了我一個問題：
「現代生活是快速、簡約的，懷舊風格會有前景嗎？」

沉思後，我以一位工業設計師的角度娓娓道來：
「其實現代生活......不會只是快速簡約的。」
如果眞是這個道理，全世界早就應該都長一個樣，但是事實上並不是。
歐洲仍然保留了許多古典的生活細節與建築，中國，泰國，日本，台灣其實也是。
我相信那些美好的舊文化，永遠都會存在。
而且那些「舊」反而給了「新」更多的養分，讓新在舊的基礎上不斷的演化。
我常舉一個例子，1968 年拍攝的科幻電影《2001 太空漫遊》，他們幻想的未來 33 年後（是我們現在的 12 年前）。電影裡描寫 2001 年的生活，是穿著太空裝在太空航行然後喝著液態食物，但是事實上，33 年後的我們還是穿著牛仔褲，坐在木桌子前用筷子吃著飯。不管科技再怎麼變化，關於生活的最基本需求，其實近百年來並沒有很大的變化......

器物，是時光的容器，是生活的縮影。
這本書裡面看到的各種有趣的懷舊物件，代表了一個具體而微的生活演化過程，更重要的是它記錄了一個年代，一個我們也許來不及參與，但是可以細細品味的美好年代。

竅門設計事務所主持設計師 王俊隆（Rock），誠摯推薦

目次。
[CONTENTS]

台灣ㄟ柑仔店

阿花的電髮院／剃頭店

台灣老戲院

新三東機車行

阿母ㄟ剉冰店

眷村老客廳

兒童玩具大展

鐵皮機器人玩具

鞋子／西服／裁縫店

台灣百貨行

台灣老藥房

懷舊美學商業應用

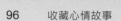

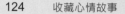

台灣ㄟ柑仔店。 阿花的電髮院／剃頭店。

圖解立即懂

50 年代台灣懷舊柑仔店街景一覽

旋轉燈

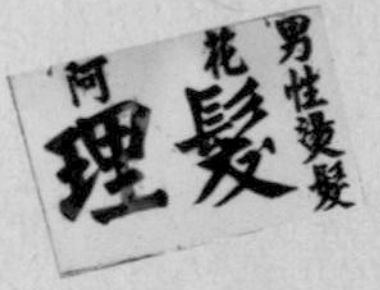

廣告招牌

男士髮型圖表

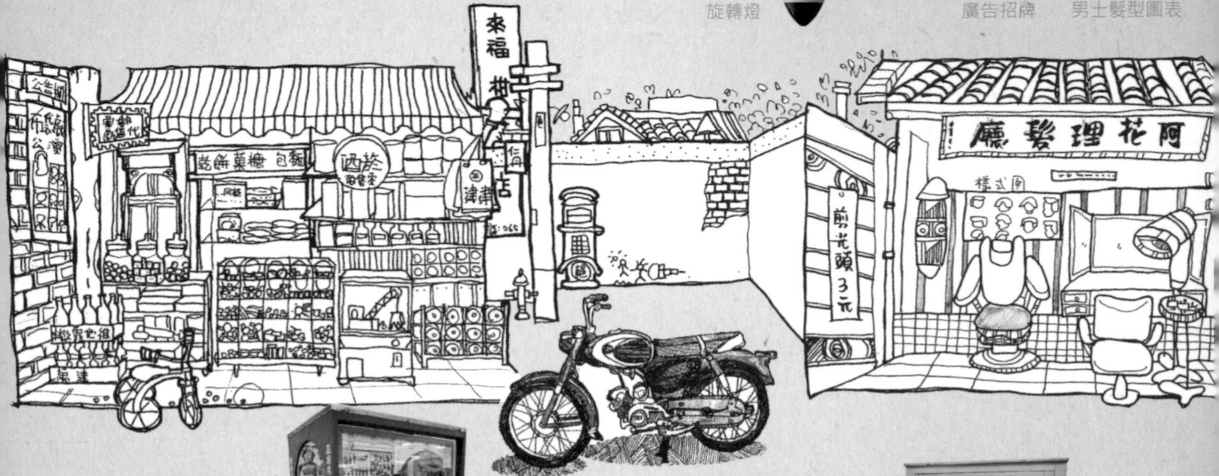

台灣老汽水瓶

夾娃娃機

復古美髮招牌

理髮工具箱

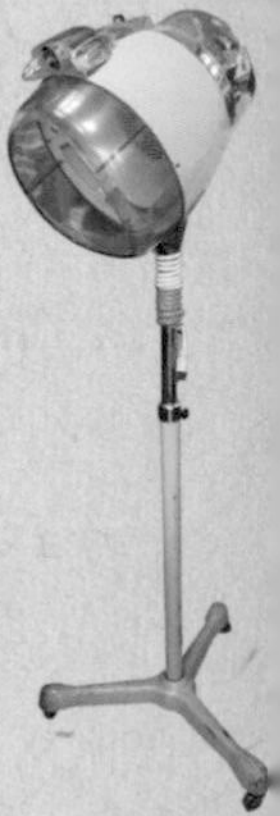
直立式吹風機

歐羅肥陳列櫃

糖果玩具櫃

新高製菓牛奶糖

日治時期剃頭椅

工具陳放架

剃鬚刷

台灣老戲院。　新三東機車行。

電影廣告看板

新三東海報

鈴木 CCI 代言玩偶

本田機車海報

偉士伯
VESPA 50 機車

古董式
炭精棒電影放映機

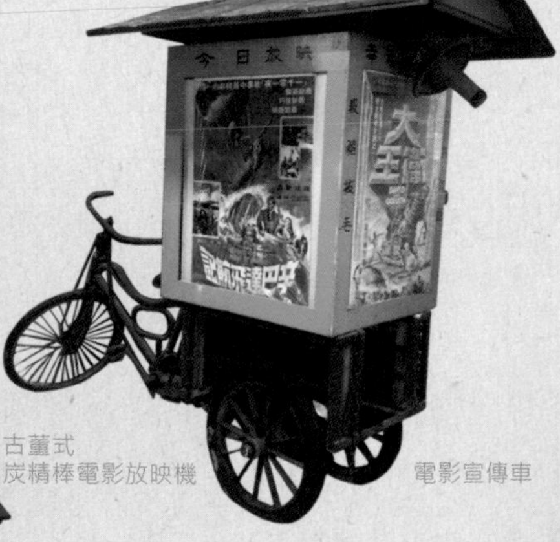

電影宣傳車

本田 CS-65 機車

機車周邊工具

饅頭包子
叫賣車

阿母ㄟ剉冰店。

黑松瓶蓋鐵牌

初雪 HATUYUKI 刨冰機

剉冰攤檜木展示櫃

天霸王旋轉機

仙桃牌鮮泡汽水

榮冠果樂

養樂多車

眷村的老客廳。

檜木老掛鐘

牛奶燈

綠色膠皮沙發

台視一號電視機

手動式萬年曆

收音機

兒童玩具大展。　鐵皮玩具機器人。

美固漆公仔

鐵皮警車

アトミック．ロボット，マン機器人

リリパット機器人

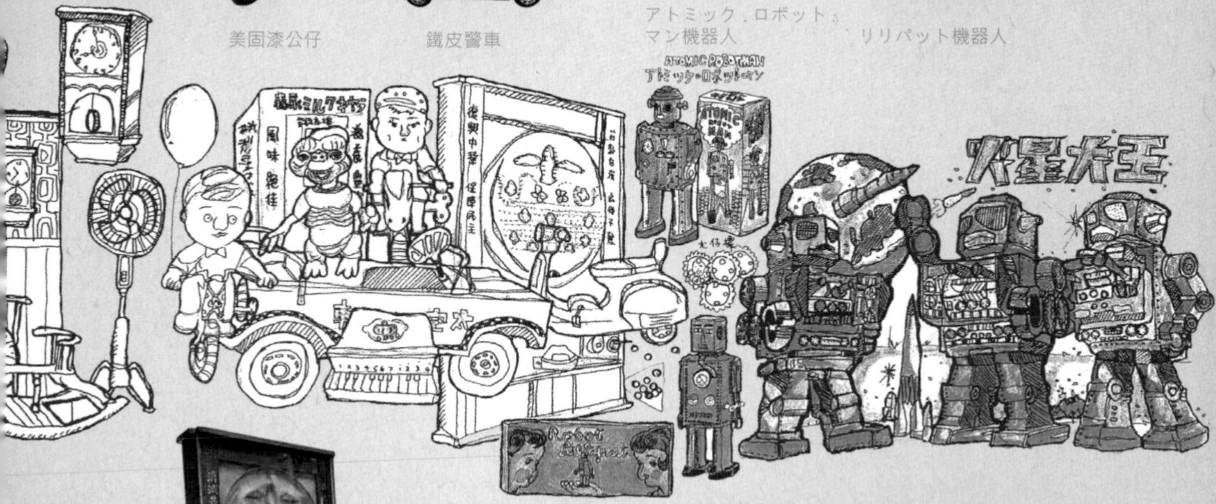

三育彈球運動機

男孩發條車

羅莎虎寶寶

火星大王

齒輪機器人

大同立地式電風扇

Q比娃娃

太空船

噴煙機器人

王子牌兒童車　小蜜蜂搖搖馬

暴龍玩具

兒童座騎機器人

鞋子 / 西服 / 裁縫店。　台灣百貨行。

鐵盒包裝襯衫與洋房牌內衣

勤益紡織企業玩偶

天香雪泡洗衣粉

愛美絲盒裝洗髮粉

日治時期製衣模特兒架

天妝內衣紙袋

中國強球鞋

天香雪泡洗衣粉

明星花露水

牛頭牌忍者鞋

永和西服西裝盒

太子龍學生服

黑人牙膏日曆

黑人牙粉

天工供應站

愛王痱子粉

生生皮鞋

東美西服廣告鐵牌

台灣老藥房。

懷舊美學商業應用。

寄藥包

葡萄王燈箱

102A 型
紅色公用電話

手搖式留聲機

公用電話話筒
造型燈箱

仁丹木牌

仁丹資源回收桶

綠油精扇子　綠油精

普通郵件老郵筒

維他露汽水

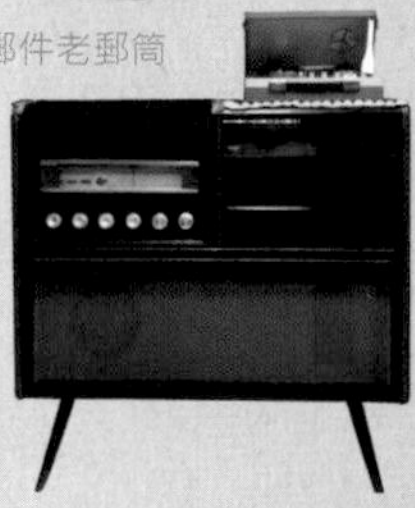

台灣製電唱機

幕帝納斯環保袋

明通藥櫃

舊式老消防栓

黑矸標驚風散

愛兒菜

舊式電線桿

喊玲瓏叫賣車

導言。

台灣百年常民生活記憶

牛奶燈

黑人特級軟毛牙刷（盒裝）

中國強球鞋

明星花露水

日治時期剃頭椅

仁丹木牌

初雪 HATUYUKI 刨冰機

台灣老郵筒

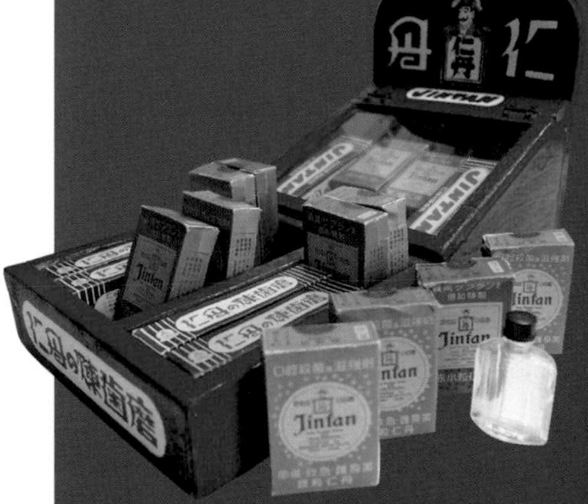

仁丹煉齒磨木盒

【日治時期的台灣】1895–1945

回顧台灣歷史 1894–1895 年甲午戰爭後的馬關條約，讓台灣變成日本的殖民地，日本執政初期，漢人抗日不斷，慘遭日本軍警聯合血腥鎮壓，其後的理蕃措施，更造成了 1914 年的山林悲歌「太魯閣之役」與 1930 年的「霧社事件」等重大衝突事件。

日本以高壓政策統治台灣，迫使台灣人反抗，這段血腥的歷史歲月實屬痛苦悲慘的年代。

從歷史的角度研讀台灣的演進過程，「日治時期」對台灣有著莫大的傳承影響，例如台灣的基礎建設中的自來水、道路規畫、水庫建設、電廠設置、鐵路建設等。收藏台灣典藏文物，很難與日本文化切割，50 年的日治時期遺留至今的文物也不在少數，例如平溪老街上的平溪郵局外，矗立著一個日治時期沿用至今的圓柱狀直立式的老郵筒。

愛國獎券

70 年代盾型黑松商標鐵牌

黑松汽水

大同電扇

【台灣光復初期】1946-1950

1945 年台灣光復。百姓歡欣鼓舞迎接中華民國的到來，但一時之間文化的差異、語言溝通不良、勝利者與回歸者心態不同，造就了台灣人民至今都無法釋懷的二二八事件。幼年不懂大人的世界，隨著大人們隔離不同族群的玩伴，所幸美食是共同的語言，很快的利用眷村美食與路邊攤美味化解了族群的對立。

1946 年台灣交通有了重大的變革，日治時期走路需靠左邊，光復後車馬靠右駛、行人靠邊走，這「右」字或許對中國人而言才是正道之意吧！我想。聽阿嬤訴說，光復初期物價不穩，一日數變，故北市府規定理髮統一價 3 元、兒童剪髮 2 元，看電影新片 4 元、舊片 3 元。由於長年受日本統治，國民政府在 1946 年時，推行說國語運動，用來化解台灣人民不再奴化的形象，只是受日本教育的影響，年長的阿公阿嬤至今都能隨口說出幾句簡單的日文問候語，及研讀簡單的日文刊物。

1948 年台灣接受美援並簽訂「中美經濟協定」。那時美軍援助用來包裝麵粉的麵粉袋，成了勤儉家庭小孩的短褲或圍兜兜，現在看起來實在有趣。

1949 年戰後的台灣通貨膨脹嚴重，故政府決定實施 4 萬元舊台幣換 1 元新台幣的「幣制改革」。因爲換幣時間只有一年，很多家庭都是用裝稻穀的麻布袋裝舊台幣，然後換回少少的新台幣，阿公說當時眞的「欲哭無目屎」。這一年也是大同電扇上市的第一年。

1950 年國民政府爲了充實空虛的國庫，於是發行了「愛國獎卷」，民眾期待中獎的預期心態，這也算是當年另一種休閒活動。愛國獎卷共發行了 1171 期，共同與民眾度過 38 個年頭，直到「大家樂」的賭博心態日益擴大，才在 1987 年停止發行。陪伴兒時感冒生病時的飲料——黑松沙士也在 1950 年上市。

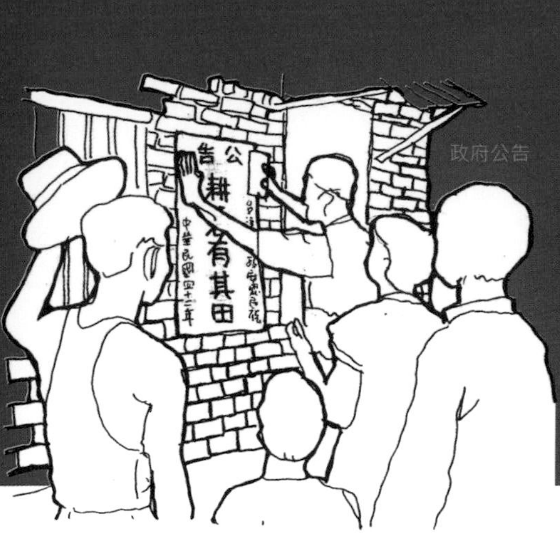

政府公告

102A 型紅色
公用電話

大同電鍋

【台灣樸實的年代】1951-1960

1951 年台灣自治時代來臨，台北市舉辦市長選舉，當年當選第一任的台北市市長爲吳三連先生。台灣開始徵兵制也在這年，男孩變成男人成了徵兵時最佳口號，不過當年還是兩岸對峙之時，那時的當兵是國家需要反攻大陸的局勢，爲了害怕有去無回，當年的逃兵也應該不在少數。

1952 年在戰爭結束不久前，由於環境衛生條件不佳，瘧疾成了台灣人口十大死因之一，爲剷除瘧疾必須先撲滅蚊蟲，當時 DDT 成了撲殺蚊蟲主要的藥劑，這也讓我的館藏中，增加許多滅蚊相關收藏文物。台北市的圓山大飯店也在這年落成，成爲接待國家外賓的重要接待所。

1953 年台灣政府實施土地改革，實行「耕者有其田」政策。由政府出資向地主買地，再以較低的貸款賣給耕種的農民，把辛勤耕種者，扶植爲自耕農。

1955 年陪伴當年小朋友的零食「白雪公主泡泡糖」上市，這是一種紙盒外包裝，盒內裝有用黃色玻璃紙包著粉紅色外衣的口香糖，除了好吃的口香糖，每盒還附贈三國演義相關圖卡一張，讓小朋友欣賞與收集。

1956 年這年國家考試有了重大新變革——「大學聯考」。這種聯合招生的方式，提供了較公平競爭的招生平台，避免私人因素或不當方式入學，這種聯合招生方式，也牽動了大學各校的排名競爭，名校也因此產生。

1957 年隨著電話在個人家庭慢慢開始普及，公用電話也開始使用，這一年台北市開始設置「公用電話」，讓民眾可以在戶外街頭巷尾柑仔店之類的公共場所打電話。

1958 年愛盲鉛筆發行。用來幫助盲胞的一種購買贊助，通常是在學校班級上義賣，這愛盲鉛筆義賣活動一直到我念小學時都還一直有的活動。這年金門爆發了 823 砲戰，短短 2 小時共軍在金門共發射了 47,533 發砲彈，曾在金門服役的我，也常見到歷史砲痕的軌跡，那眞是一場驚心動魄的戰役。

1960 年大同電鍋上市，大同電鍋改變了台灣廚房電氣化革命，也成了日後外勞返鄉送禮的必備商品之一。

【台灣經濟起飛】1961-1970

大同寶寶

台視一號電視機

天香雪泡洗衣粉

第一公司特級市場
手提袋

1961 年台北市「中華商場」揭幕，共計 8 棟，分別以忠孝、仁愛、信義、和平爲名，直至 1992 年爲配合都市計畫由當時的市長黃大洲下令拆除。在我念國中時，那可是我品嚐南北小吃的最佳去處。

1962 年台視開播，台灣第一台商業電視台在蔣宋美齡按下按鈕後開播，台灣開始進入電視時代，當時台視除了開播電視台也販售中日合作的電視機「台視一號」，每台售價 4,500 元，那時我阿爸的月薪 200 元。

1963 年《梁山伯與祝英台》上映。由凌波與樂蒂主演，並連映 162 天共計 930 場，在全台造成黃梅調旋風，據阿嬤轉訴，當時阿嬤友人看了數十次，可惜當時還沒有錄影帶問世，要不然就不會這樣花錢了。

1964 年味全爲台灣第一家自製奶粉公司，當年共推出 2 款奶粉，分別是味全嬰兒奶粉與味全特級全脂奶粉。味全公司爲慶祝奶粉上市，特別舉辦連續 3 天免費試飲。「石門水庫」也在這一年完工（1958-1964）。

1965 年台北市中華路上的「第一百貨」開幕，是北部第一家擁有手扶梯的大型百貨公司，當時很多人以重複上下手扶梯爲樂，感受一下高科技的新產品。由美國華盛頓蘋果爲原料所生產的「蘋果西打」在台上市。

1966 年圓山保齡球場引進了世界最新的保齡球設備與 32 條球道，開啓了台灣保齡球運動。

1967 年連鎖企業龍頭「統一企業」早期以台南紡織生產太子龍學生服聞名全台，在當年可是莘莘學子必備的服飾。雲仙樂園與烏來纜車，也是童年必遊的觀光景點，於這一年正式對外開放。

1968 年可口可樂正式對台灣一般民眾販售，稍早 1957-1967 年只供給駐台美軍飲用，並無對台銷售，當時台灣一般民眾很難有機會享用。

1969 年阿姆斯壯登陸月球，證明了月球上沒有嫦娥。阿爸喜歡看的《晶晶》連續劇開播，好吃的「乖乖」與實用的洗衣聖品「白蘭洗衣粉」、大同彩色電視機紛紛上市開賣，我最愛的大同寶寶也在此時推出 51 號的第一隻大同寶寶。

1970 年這一年對我而言最重要的是「王子麵」上市。那是陪伴我國小時期最佳的零食。

【台灣ㄟ柑仔店】

兒童天堂的所在地。開設柑仔店那是我母親生前最大的願望，可惜病魔除了帶走阿母的願望，也帶她離開了人世。用很長的時間收集有關柑仔店的懷舊商品，並細細保存每件得來不易的寶物，然後按照記憶中柑仔店陳設的模式，布置一間不對外營業的「陳熟柑仔店」，用來完成母親的遺願，也用來想念曾經與母親共同生活的記憶。

阿母！您的柑仔店我幫您開好了！

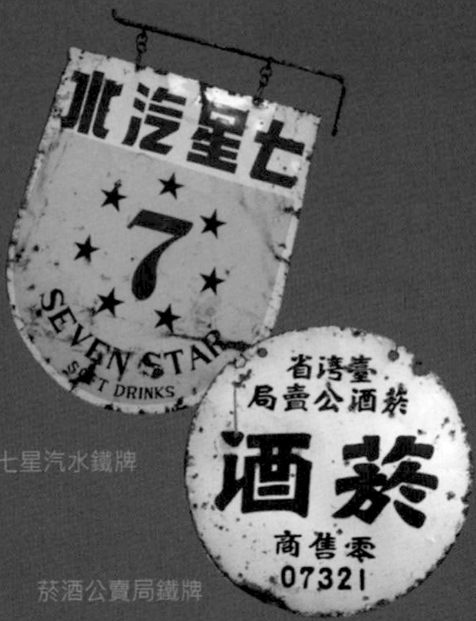

七星汽水鐵牌

菸酒公賣局鐵牌

旋轉燈

男士剃頭型錄

【阿花電髮院／剃頭店】

小時候的髮型只有一種「光頭」，而且是坑坑疤疤的光頭。於是逃離剃頭是我童年常做的事，但總是被阿母擰著耳朵上剃頭椅接受酷刑，當髮根從魔鬼剃頭刀上一根根落下時，我的淚水也隨著落下的髮絲濕滿襟。

不知是理髮大嬸人好，還是把我的光頭剪得太醜心虛，通常結束酷刑後，就會送我一支棒棒糖。

成年後，我的剪髮有了自主權，於是剪髮成了我當皇帝可以選妃的樂事，哪家的洗頭妹最正，就是我最常去光顧的店家，當然剪髮的價格，也從童年的 15 元直飆至現今的 500 元，眞是一分錢一分貨啊！

【新三東機車行】

新三東 50SA-1 機車

阿爸年輕的時候有輛二手機車，那是一台載滿全家幸福的噗噗車，假日全家出遊時，阿爸載著阿母，大姊雙手環抱著阿母，阿母與阿爸中間夾著大哥，最幸運的我則有視野最佳的油桶座位，當然那需要有個不怕痛的鐵屁股啦！

騎著機車環島出遊，在民國 50 年代那應該算是我們全家最高級的出遊旅行。

電影宣傳車

【台灣老戲院】

牽阿母ㄟ手看電影。駐足在紅磚牆的電影看板前許久，戲院內正上映著阿母最愛看的《黃昏城》。

你有多久沒有牽著阿母ㄟ手去看場電影了呢？很可惜！我已經沒有這樣的幸福特權，子欲養而親不在，應該是我內心最大的遺憾。

倘若你還有這樣高尚的特權時，千萬別放棄！今晚就牽著阿爸、阿母一同去戲院享受家庭樂吧！

電影廣告欄

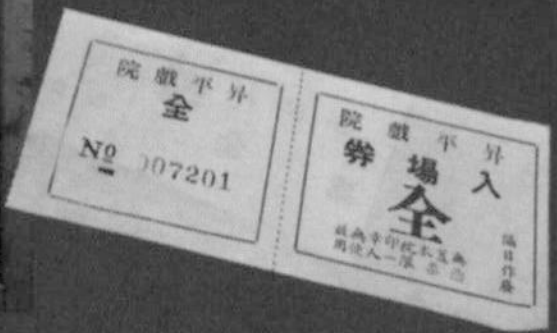

昇平戲院入場卷

瓶蓋黑松鐵牌

飛機旋轉台

【阿母ㄟ剉冰店】

印象中母親陳熟是用很檢樸的生財器具，來經營路邊攤的剉冰店，在豔陽下辛勤揮汗並爲顧客盛上一碗碗冰涼的綠豆冰，最愛和大哥蹲在桌腳旁的水龍頭下幫母親洗碗，更愛聽見銅板放進鐵盒餅乾所發出鏗鏘的聲音，那代表媽媽又做成一筆生意。

時光飛逝，再也吃不到母親所做的綠豆冰，但永遠記得那豔陽下，揮汗如雨的母親對子女的付出，與不求回報的眞愛。

仙桃牌鮮泡汽水

初雪 HATUYUKI 刨冰機

榮冠果樂

【台灣老客廳】

1949 年那一年國民政府撤軍來台，政府為了安頓 60 萬的軍人與家眷，於是辦理了集合式住宅，就是我們常說的「眷村」。眷村中的老客廳是我用來收藏家人情感發源之處，老電視、綠色膠皮老沙發、黑色撥盤電話、牛奶燈......客廳是兒時全家聚集歡樂時光、也是歡愉最久及回味最棒的地方。

二姑丈是隨著政府撤軍來台的阿兵哥，特別疼愛幼時的我，常翻看泛黃的相簿，指著老照片中的場景，訴說當年奮勇抗戰的英雄事蹟，時而淚盈滿眶想著海峽另一邊的親人......

綠色膠皮沙發

台視電視機
14T-613 型

【鞋子 / 西服 / 裁縫店】

西服店在早期又稱洋服店，那是我阿爸一生中少數沒進去的商店之一，印象中沒有看過老爸穿過西裝，即使是參加婚宴，也只是換上乾淨的襯衫赴宴，而皮鞋更是縫縫補補數十年。

西裝是代表禮貌性的一種服飾，為了害怕失禮，必要時阿爸會向好友借穿。幼年時的家境，很難讓阿爸可以擁有一套西裝，很心疼阿爸在服飾上缺憾，更遺憾的是當我有能力為阿爸添購西裝時，上帝卻搶先一步把我阿爸帶走......如果可以，希望人生中不要再有缺憾！

勤益紡織企業玩偶

永和西服西裝盒

天工商品陳列櫃

人人公司手提袋

【台灣百貨行】

1932 年，日本人重田榮光在台北市衡陽路上，開了一家「菊元百貨店」。那是台灣有史以來第一家百貨公司，可以說是台灣百貨界的始祖。

在還有牛車滿街跑的年代，真正有能力逛百貨店的人，還是以日治時期的日本人與少數的富商台灣人為主，1932–1945 年發生二次世界大戰，大戰結束後，中華民國政府接收了菊元百貨店，並更名為「台灣中華國貨公司」，或許是加上「台灣」二字，其實我還滿喜歡這個公司名字。

【台灣老藥房】

仁丹木牌　仁丹資源回收桶

有一回學校急忙打電話給我，告知女兒在學校運動課時摔斷手臂，我立刻放下工作急忙趕去醫院，進入急診室時，看見女兒哭紅雙眼及包裹的手臂，頓時心如刀割心痛不已，或許這就是感同身受的親子之情，痛的是骨肉之傷，同的是爲父之心。

回想幼年因討厭上課，常賴床假裝生病躲在被窩裡，讓父母眞以爲自己感冒爲此擔憂的模樣，至今令我倍感羞愧與不捨。父母對於子女養育之情，常溢於言表，多年後已爲人父的我方知。可惜「慈鳥反哺」之恩，卻難以回報。

驚風散鐵盒裝

四輪兒童車

【兒童玩具大展】

Q比娃娃　味王寶寶　恐龍玩具　美固漆公仔

小時候認識一位女生，從來不愛洋娃娃，卻特別鍾愛鐵皮機器人與怪獸、恐龍之類的玩具，趁著一次戶外教學時，我故意走在她身旁趁機與她講話，她說，如果可能我想收藏 100 隻不同造型機器人與 50 隻怪獸、50 隻恐龍。多年後，靠著玩具雜誌與剪報，「她」的夢想被我先實現了，只是她不知道自從那天戶外教學後，我就開始收藏有關她所說的玩具類別。或許我也喜歡收集玩具，但比起玩具我應該更喜歡「她」。初戀啊。

【鐵皮機器人】

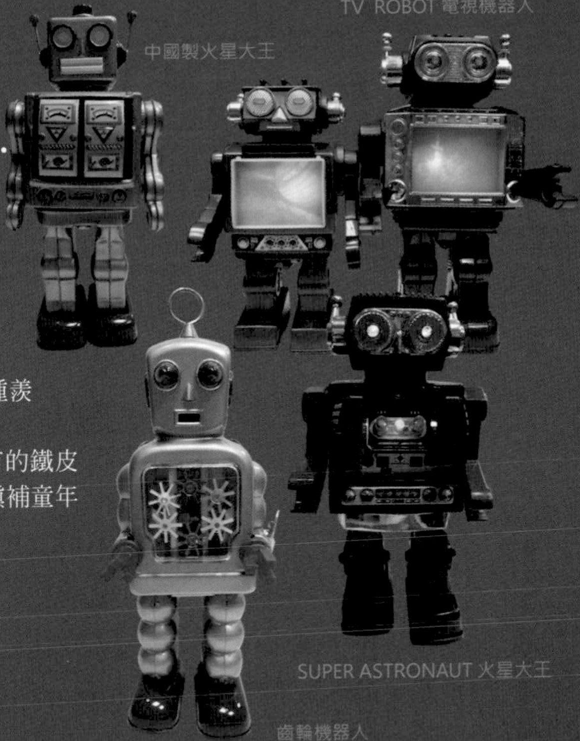

TV ROBOT 電視機器人

中國製火星大王

SUPER ASTRONAUT 火星大王

齒輪機器人

男孩在童年時期鐵定要有一種玩具——「鐵皮機器人」。那是一種尊榮與嬌寵的象徵，也代表了當時的家境富裕，擁有者通常在下課後會被同學圍成一個圈圈，並站立在圓心上說：那是我阿爸從日本買回來的。然後轉動旋轉扭讓機器人走路及發出聲響與光源。那種羨慕又嫉妒的心境實在難熬啊！

成年後，因設計工作所需，我擁有的鐵皮機器人也超過百來隻，或許那是一種填補童年時的缺憾，也是童心未泯的心態。

老式電線桿

公共電話燈箱

102A 型紅色
公用電話

JVC 勝利狗牌
手搖式留聲機

【懷舊美學商業應用】

懷舊商業設計工作，需要大量的收集台灣相關史料與時代背景故事。日治時期 1895–1945 年這 50 年間，更是影響台灣發展的重要年代，越是充分了解台灣本土文化，越能在我的懷舊設計上發揮，使場景配置能夠精準到位。

如果可以，最希望可以將「50 年代博物館」的館藏，深植校園巡迴布展，並將所知的常民文化歷史，轉訴成有趣的故事，讓台灣莘莘學子更加了解在台灣本土所發生的文化故事。

ざっかや

台灣ㄟ柑仔店

兒時的天堂所在地。

收藏心情故事

DATE/ NO/

柑仔店是兒時天堂的所在,在充滿各式寶物的商店內,販售的不僅是日常生活用品,那些童玩、抽當、尢仔標、冰棒、汽水和數不清的糖菓玩具,對我而言,那才是最重要的商品,更是一生中最甜美的記憶寶庫。

一直讓我持續收藏柑仔店文物,有個很重要很重大的動力,就是我的母親(陳熟女士)。

母親還有經濟能力時,一心想開間柑仔店來幫忙家計,但在一次倒會中擔任會首的她,被迫需賠償高額的會錢,一夕間母親所有的積蓄化為烏有。因此母親開設柑仔店的夢想也破滅,不幸,母親於多年前因罹患胃癌過世。

收藏這間不對外營業的老台灣柑仔店,應該也算是對母親的懷念,也補償母親未能完成的遺願吧!

民國58年(1969年)的盛夏,台中金龍少棒隊為臺灣榛回第一座世界冠軍…大同公司推出國產彩色電視機,乖乖上市販售,白蘭洗衣粉、黑松沙士、黑人牙膏,並稱驕傲的"二黑一白"。

這一年也是張大衛出生的年代 — 1969年(西元)。

COLLECTION TAIWAN

DATE/　　NO/

民國63年(1974年)。五歲的張大衛，總喜愛依偎在母親的身旁，拉著洋裝裙角，陪伴她上街買菜。就像觀賞武俠大戲，看著(陳勳)以獅吼功對著市場屠夫發射喊價攻勢，另一頭的雞肉攤老闆手拿屠龍大刀以大力金剛掌還擊，一來一往中在微笑和平場合完成交易。

在雞肉攤戰役略顯弱勢的母親，似乎想在小兒面前證明些什麼，於是牽著我稚嫩的小手前往下一戰【鮮魚攤】戰役……唉！又是一場唇槍舌戰。

琳瑯滿目的柑仔店。

【圖解柑仔店的型態與配置】

柑仔店的名稱中，「柑仔」原本指的是「籤仔」。

「籤仔」是一種用竹子編製而成的圓形竹框盛盤，是早期農人用來曝曬農作物或風化東西的用具。

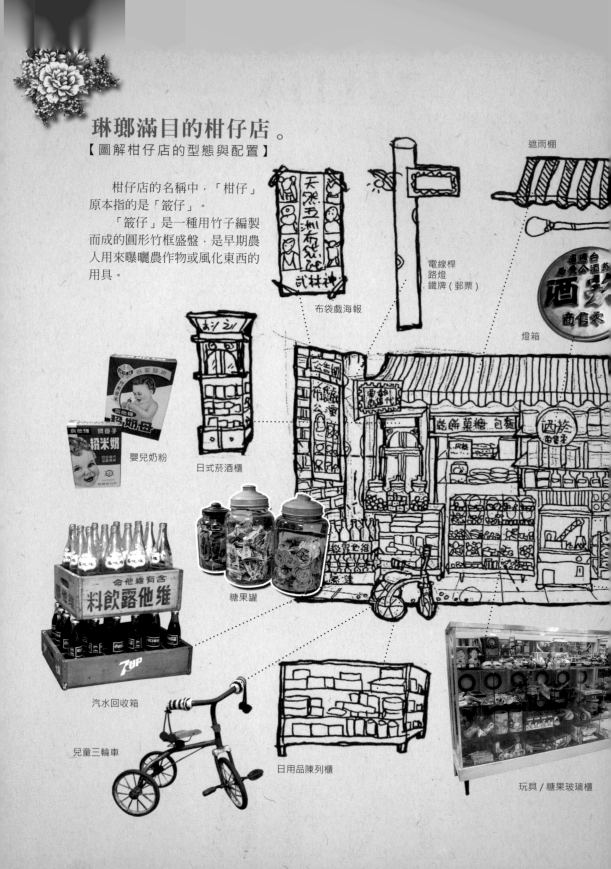

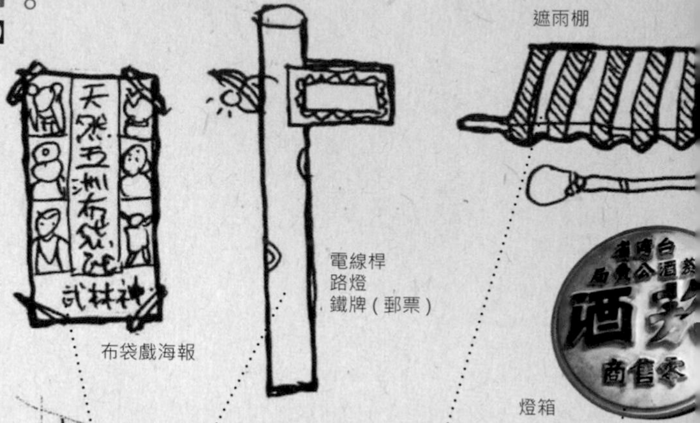

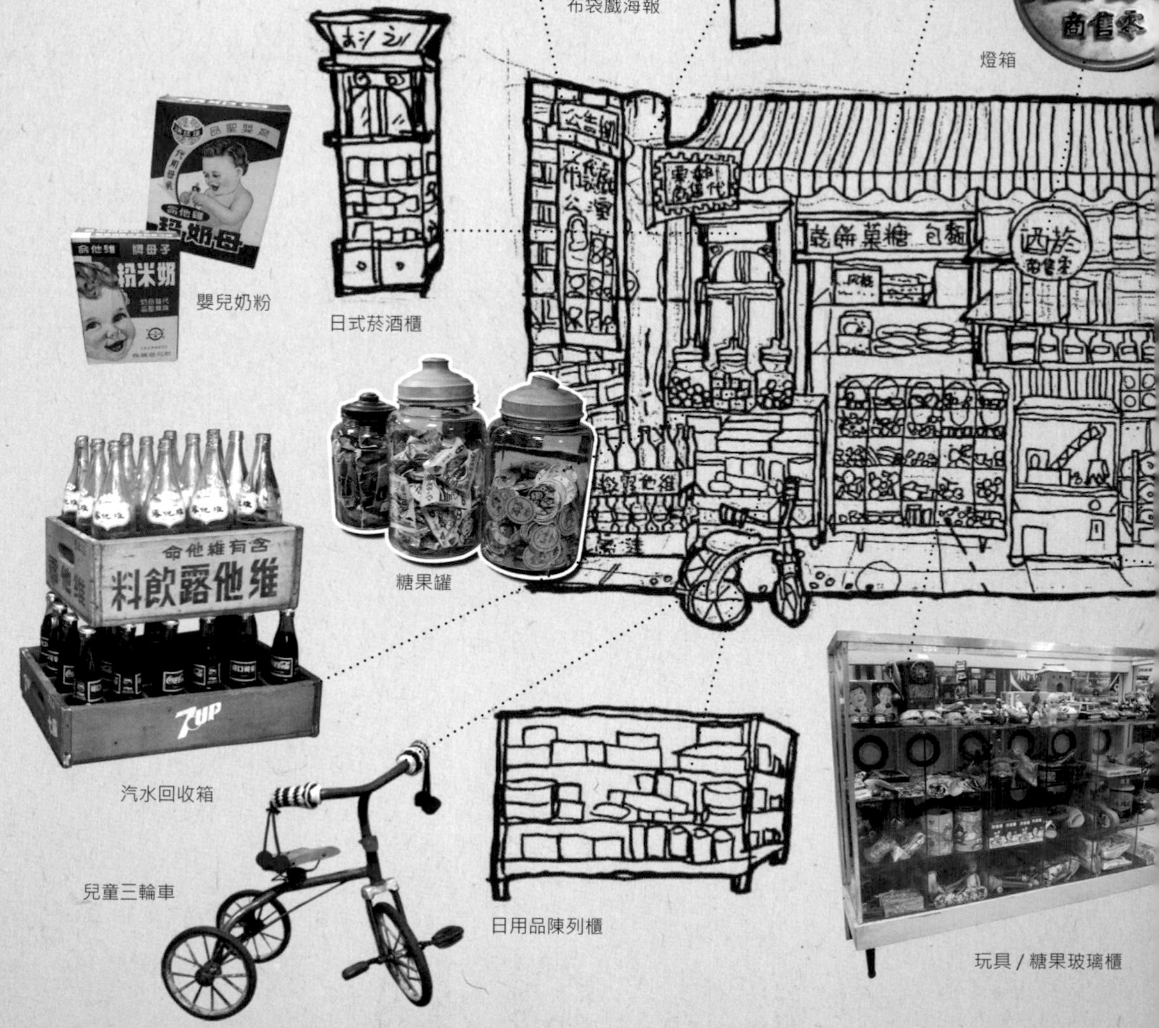

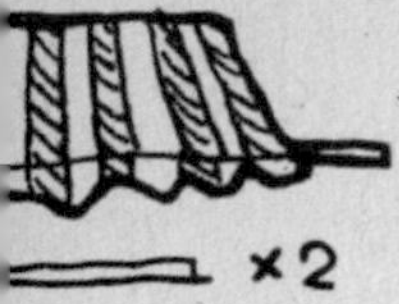

飾提袋

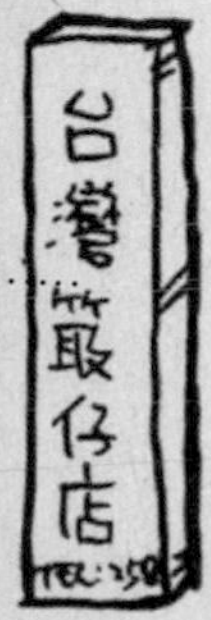

木製招牌

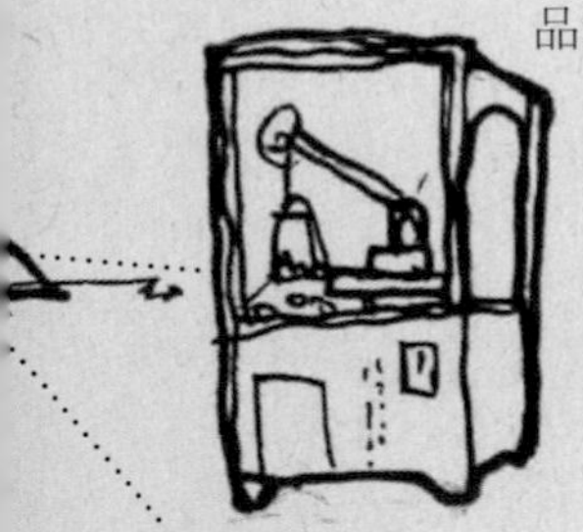

老台灣夾娃娃機

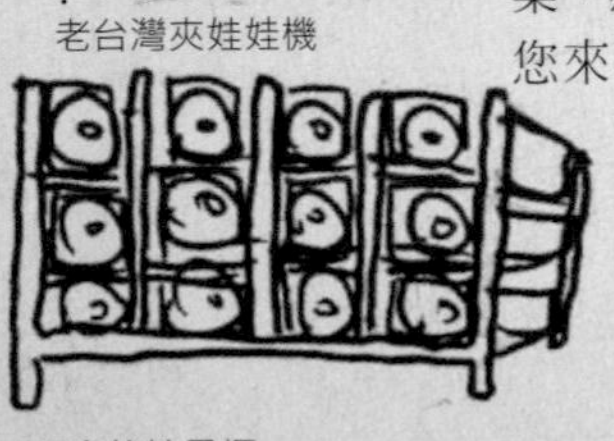

12 宮格糖果櫃

【柑仔店名稱的由來】

早期台灣的雜貨店就是將販售商品放置在簸仔上面，遠處看來就像是一堆堆的簸仔販售店，於是出現簸仔店之名，後來並衍生出同音異字的「柑仔店」。

民國 50 年代台灣早期柑仔店所販售商品包羅萬象，因爲那時的經濟型態以務農爲主，家家戶戶均飼養家禽、家畜，所以柑仔店販售生活雜貨、日常用品、糖果玩具不足爲奇，甚至加售農藥、飼料、肥料或人們使用的藥品等產品。在電話不普及的年代，柑仔店的公共電話，也是外出遊子與故鄉家長聯繫的所在地。

那個年代的柑仔店更像是一門小型的百貨行，不僅如此，「它」更像是村民們情感維繫的生活聚所，各種重大公告也大部分在此發布。

民國 68 年統一超商 7-11 開幕，確實改變人們對柑仔店既定的印象，便利商店在產品不斷推陳出新並研發全新商品的同時，更營造時尚便利，製造流行趨勢，迫使老味的台灣柑仔店節節敗退，逐漸凋零、沒落以致消失。

民國 50 年代柑仔店在我的心中，代表的不僅是賣家與買家的交易行爲，更是人們情感匯集、感情互動的交誼場所，或許您來不及參與 50 年代柑仔店的風老歲月，但一定要來感受我爲您所陳設規畫的 50 年代柑仔店。

民國 60 年左右台灣早期的柑仔店雛形。

玻璃櫃內的糖果與玩具是小朋友的最愛。

令人懷舊的柑仔店，現今已被便利商店取代。

夾娃娃機在民國 60 年代很常在柑仔店門口出現。

柑仔店的文物故事。

【味素收藏】

味素外包裝，大都使用紅底黃邊外加兩條對稱的小麥圖騰，或許這與提煉時所需元素有關。

早期味素有種提煉方法，就是利用小麥麵筋蛋白進行水解而成。民國50-60年代台灣出產的味素品牌相當多，天鵝／味王／味全／大王／全王／香味／味丹／新味／味力......也就因為品牌多元而造就收藏者的樂趣，那些不知名的小品牌或許已經不存在，但卻是收藏家眼中的夢幻逸品。

【奶粉收藏】

奶粉的製造原料主要為牛的乳汁，進入工廠後進行高溫殺菌消毒，再乾燥研磨成粉末。

早期台灣的奶粉大都仰賴日本進口，品牌如森永／明治／雪印／菊花等大廠。台灣早期只有生產麥粉，直到民國 53 年（1964）台灣第一家自治奶粉上市販售，品牌為現在知名大廠味全。當時推出兩款：味全嬰兒奶粉及味全全脂奶粉，為台灣奶粉製作開創歷史性的始端。

味全奶粉
台灣第一罐自製奶粉上

【台灣汽水】

台灣早期汽水瓶大都以彈珠汽水瓶爲始，再慢慢轉進爲較粗胖瓶身的紙標汽水瓶。

收藏紙標汽水瓶極爲不易，原因就在於紙標經過多年的風化，大都已經破損甚至掉落遺失，僅存瓶身立體浮雕字體去研判瓶身的品牌。

收藏老台灣汽水瓶的樂趣在於那瓶身上純手工繪製的商標圖騰紙標，簡單的線條，豐富的畫面，在沒有電腦標準字的年代，每瓶汽水瓶身，都有屬於自己專屬的商標衣裳。

【鞋油收藏】

民國 50-60 年代的台灣對於鞋油的使用品牌以黑人 / 鑽石 / 天工 / 奇威......等爲主，形同本土與西洋品牌大戰。

在物資缺乏的年代，只有較富有的家庭才穿得起皮鞋，甚至使用鞋油。所以鞋油在當年的商展會場可是高貴的贈品之一。「鑽石鞋油」在民國 43 年推出該品牌，取名爲鑽石，應該就是說擦完後的皮鞋就像鑽石一樣閃閃發亮吧。

【洗衣粉收藏】

德國人漢高在 1907 年發明了洗衣粉。直到 1940 年開始由石油提煉的化學物來製造洗滌劑，爲了方便保存將洗滌劑乾燥後製成粉末狀。

早期台灣人洗衣服時常使用肥皂當洗滌劑，台灣第一包洗衣粉為「非肥皂」。「非肥皂」爲利台化工所生產，就是現在國聯工業的「白蘭洗衣粉」的前身，由於洗衣機的問世，因而帶動洗衣粉的大賣，進而取代了肥皂洗衣的模式。

【鐵盒餅乾收藏】

記得幼時與長輩出門拜訪親朋好友時，媽媽總會先繞到巷口的柑仔店，買盒鐵殼包裝的餅乾當伴手禮。

小時候就相當喜愛收藏鐵盒。餅乾鐵盒的形式大致分爲兩類：扁平式與方柱體。喜愛鐵盒上不同圖像的小孩造型，大都以國外小孩或嬰兒爲主角，也有親子畫面的那種。幼年曾經試著收藏柑仔店內全系列人型圖騰餅乾盒，但家中經濟狀況實在不允許，成年的張大衛正努力收藏幼年時的童趣。

【殺蟲劑與殺蟲液】

我所珍藏的殺蟲商品，指的是對付萬惡到極點的蚊子先生，幼時在木造的平房居住，蚊子特別多又不友善，常被叮得滿頭包。發誓一定要收藏各式不同品牌殺蚊商品，以洩心頭之恨。

通常殺蟲劑都需搭配殺蟲液使用。由於工業進步，也由原先的填充式改為罐裝噴霧式，變得更簡單方便且衛生好使用。特別喜愛收藏老式液態裝的殺蟲液，不同樣式圖騰的手繪蚊蟲，每隻都畫的相當誇張有趣。

【蚊香包裝收藏】

台灣早期的蚊香很多包裝盒上都印有菊花圖樣作為包裝的襯底，其實放入菊花圖騰並非任意放置的，主要是因製作蚊香的主要成分來自於菊花，因菊花本身所散發的獨特氣味有驅蟲的效果，甚至殺蟲。至於蚊香曲捲的形狀是因製作蚊香的「大日本除虫菊株式会社」的創辦人夫人，有天在倉庫中看見一條曲捲的蛇所得來的靈感。金鳥／象王／安住／滅飛／威力霧......都是早期蚊香知名品牌。

【懷舊香菸「新樂園」】

想起老阿公蹲在家門口，一口一口吸著吸著「新樂園」，正享受著吞雲吐霧的樂趣，這個畫面大概是我念小學二年級時的記憶。如今老阿公已經搬到天上住，而當時念小學二年級的我已是二個小孩口中的老爸。天啊！時間竟已悄悄溜走 30 年光陰，又或許在不久的將來，有個白髮蒼蒼口中無牙的糟老頭，無意中開啓兒孫電腦裡的部落格「50 年代博物館」，竟發現自己正觀賞 50 年前自己寫的文章呢。哈！懷舊之人必有懷舊的赤子之心。

【懷舊收銀機】

看似簡單的操作介面，其實暗藏玄機，要打開這日治時代的收銀機並不簡單。

首先需解開基台中間圓形的密碼鎖，才能按下右邊 L 型的按鍵方能開啓，中間上方的視窗為紙張的書寫處，記載消費者的購物明細，方便統計一整天的銷貨明細表。

樸實美麗的檜木材質外觀，雖經 80 年左右的歲月摧殘，但功能及零件都還能靈活使用，當按下「叮咚」聲的開啓鍵，那悅耳的音響，代表著又一筆生意入帳。

【日用品櫃】

擺滿台灣早期的日用品玻璃櫃，也擺滿了張大衛懷舊的心。商品內容豐富且量多，味素／殺蟲劑／蚊香／奶粉／奶瓶／......收藏這些老文物需特別小心，因瓶子上的紙標都早已風化，一不小心很容易隨風而逝。

台灣早期的柑仔店的販售陳列櫃，大致都以玻璃與木作為材質，再加上支撐玻璃陳板的固定鐵架組合而成。

收藏懷舊的商品文物，也一定要用老櫃子來做陳設，這樣才更有復古懷舊的味道。

【糖果玩具櫃】

每每放學經過柑仔店的糖果玩具玻璃櫃前，總會流連忘返一下。

很小心從口袋裡取出僅剩的五毛錢，買一顆柑仔糖，一邊看著櫥窗裡的童玩，一邊細細品嚐糖果在口中化開的甜美滋味。最愛鐵皮玩具裡的火星機器人，不過那是傳說中的夢幻逸品，當年全班只有「陳光明」擁有，他老爸可是那時候華南銀行的總經理呢！大概是補償心態，現在張大衛所擁有的鐵皮玩具竟然超過一千個。

柑仔店夢幻收藏。

咖啡色台灣二號 夾娃娃機

綠色台灣一號 夾娃娃機

啓動按鈕

投幣孔

反共宣傳標語

取物口

【夾娃娃機】

台灣史上第一座夾娃娃機，大約起源於美國1920年代。民國60年代的柑仔店或文具店前常能看見它的蹤影。夾物商品大多以泡泡糖或其他小型玩具為主。

旋轉陳列台

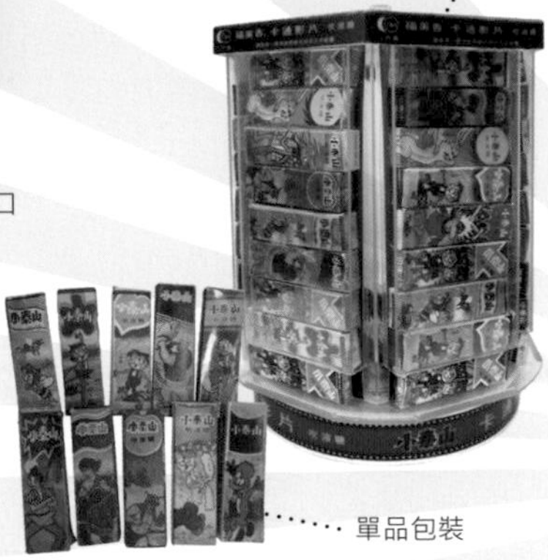

單品包裝

【小泰山吹波糖】

外觀常會印上當時著名的卡通人物，包裝相當華麗美觀，內容物為片裝形狀，此品牌泡泡糖通常在抽當中出現。

永偉　永偉　牛王　金牛頭　新牛

環球

森永　奶王　聖母　牛頭

【牛頭牌奶粉】

早期並無商標法的規範，於是台製奶粉大都抄襲日本進口森永品牌的牛頭圖案，相同的牛頭圖騰不同的品牌包裝，造就收藏家的收藏樂趣。

超大型盒裝森永牛奶糖

新高製菓的外包裝，母親餵食孩童牛奶糖畫面相當溫馨有趣

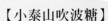

【牛奶糖】

源自於日本，並曾於台北設廠，在外盒包裝側邊印有台北、大阪、大連、東京等工廠的圖片，內容物的牛奶糖數量約100小盒包裝。

【天工商品陳列櫃】

民國 54 年天工實業公司在台北市創立「天工供應站」，主要販售商品以家庭清潔用品為主，小型的陳列櫃放滿家庭用品就像小型的百貨公司。

【歐羅肥陳列櫃】

這種陳列櫃，通常陳設於飼料行或鄉間農物較多的柑仔店，歐羅肥主要為家畜家禽的含藥物飼料添加物。

【福壽牌燈箱與鐵牌】

以生產肥料、食用油及寵物食品為主，早期燈箱掛於飼料店門口，而鐵牌則掛於店家外牆上，用來廣告行銷之用。

【金鳥殺蟲系列】

1910 年日本人上山英一郎將商標設計為公雞頭，並命名為「金鳥」，迄至 1934 年開始製造發售。台灣早期農業社會因注重家庭環境衛生，而被大量使用蚊香、殺蟲劑、殺蟲液等相關金鳥品牌殺蟲產品。

柑仔店手繪圖教學。

[step 1] 步驟一

1. 構圖前先將欲畫的手繪圖置於紙張的中央。
2. 為了讓手繪圖呈現立體感，先讓場景圖展開，並分成A主場景、B側場景、C前場景。
3. 為了避免多次修改尺寸或手誤，建議先用HB的鉛筆構圖。
4. 紙張選用：影印紙（材質磅數較高，能為手繪加分）。
5. 完成主場景配置——粗概位置繪製。

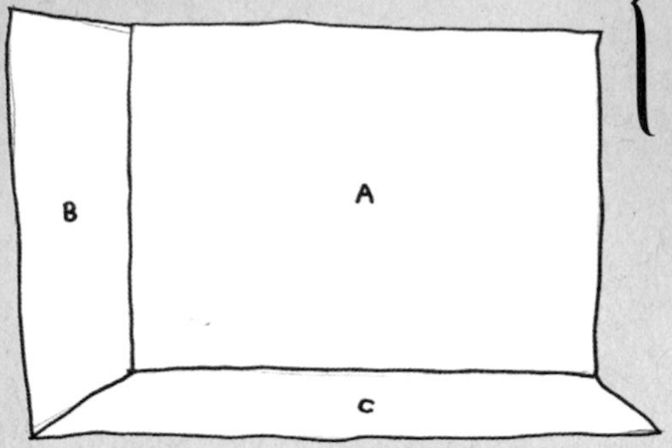

[step 2] 步驟二

1. 構圖場景配置完成後，先從主場景A開始構圖下筆。
2. 主場景再分為「前景圖」、「中景圖」、「後景圖」。
3. 構圖繪製順序為「後景圖」→「中景圖」→「前景圖」。
4. 先將後景牆面的櫥櫃大小配置在主場景A中。
   D. 日治時期菸酒櫃、E. 麵包糖果櫃、F. 木製櫃。
5. 完成後景牆——再行繪製中景圖。

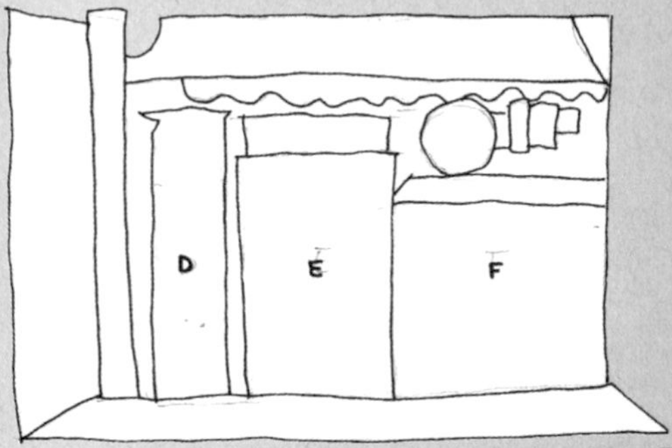

[step 3] 步驟三

1. 完成背景牆後，再將中景圖內的商品群先以鉛筆繪圖配置。
2. 此時「中景圖」之相關的商品群會部分與「後景圖」重疊
3. 兩個圖層相互重疊處以「中景圖」為主體，並在重疊處，將多餘部分擦拭掉僅留下「中景圖」即可。
4. 「中景圖」場景：
   G. 日用品櫃、H. 糖果玩具櫃、I. 台灣夾娃娃機、J. 12 宮格糖果台

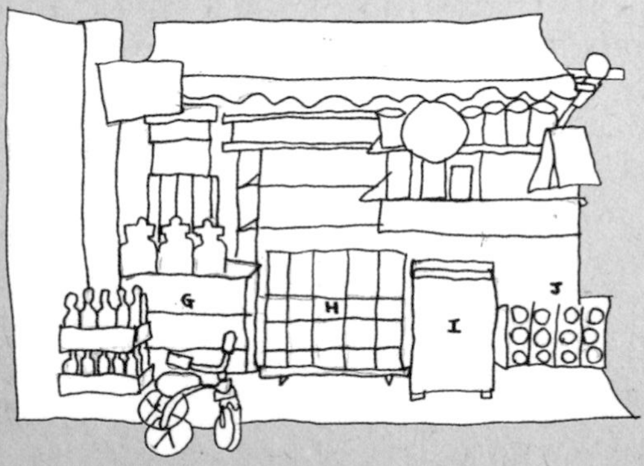

[step4] 步驟四

1. 完成「後景圖」及「中景圖」後，再將「前景圖」及「側景圖」之相關物件配置繪製。
2. 前景圖與中景圖相互重疊處，以「前景圖」爲主體並在重疊處將多餘部分擦拭掉，僅留「前景圖」即可。
3. 「前景圖」場景：
   K. 孩童三輪車　N. 汽水箱
4. 側景圖相關繪製法亦同
5. 「側景圖」場景：
   L. 紅磚牆、M. 電影海報

[step5] 步驟五

1. 當鉛筆線條完成時，大致上的構圖位置也已完成，僅剩黑筆細部描繪精緻化即可。
2. 繪製細部線條時，建議使用：水性針筆，並同時準備 0.1 / 0.3 / 0.5 三枝不同粗細的筆蕊完成描繪。
3. 繪製相關場景則與鉛筆構圖時順序相反，依序爲「前景圖」→「中景圖」→「後景圖」→「側景牆」。

[step6] 步驟六

1. 當細部線條描繪完成時，可準備進行色鉛筆著色。
2. 色鉛筆使用方式與法則：
   A. 色階層的使用，可於顏色較重或陽光陰影處加重並重複上色次數，以增加層次感。
   Ex.

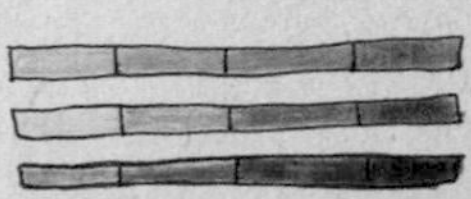

   B. 色鉛筆著色方式，盡量依相同方向反覆上色，這樣上色的方式會使色層較爲均勻好看。
   Ex. 直式上色法 / 橫式上色法

[step 1] 步驟一

1. 先將外框的架構造型畫出，有點類似長方形立體圖。
2. 加上框內的邊線及部分外觀上的小造型。
3. 建議使用 HB 鉛筆描繪，方便成形後擦拭多餘線條。

[step 2] 步驟二

1. 將上方的燈泡先行畫出，及兩側的拱型視窗。
2. 中間的按鈕及下方的出貨口繪製。
3. 下方右側的投幣口繪製。
4. 待 HB 鉛筆畫定相關位置後，可再以 0.1 的針筆描繪正確的線條。

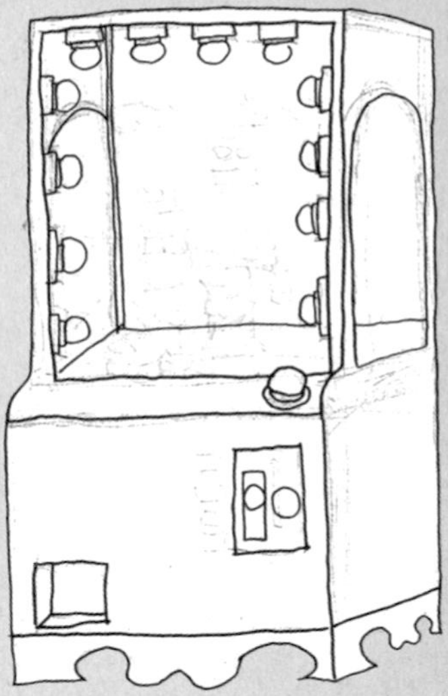

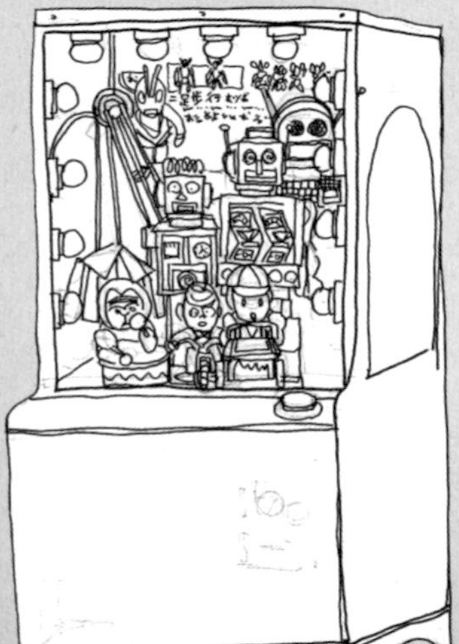

[step 3] 步驟三

1. 機器人及相關商品描繪。
2. 先從最後方的較大機器人開始繪製，依序往前畫，最終才是最前端小鐵皮玩具。
3. 物具內的玩具商品，是整張構圖的靈魂，需較有耐心慢慢繪製。

[step4] 步驟四

1. 描繪中央的機器人及玩具後再進行右側拱型視窗的小恐龍 / 機器人繪製。
2. 注意視覺上大小的差異，物件與物件的前後關係及相關位置。
3. 準備進行細部針筆繪製。

[step5] 步驟五

1. 先行利用 0.5 粗的針筆，把外框及需較粗的線條勾勒出來，並加深繪製。
2. 物具內的玩具 / 鐵皮機器人等，則用 0.1 針筆再進行細部描繪。
3. 繪製機檯的陰影部分。

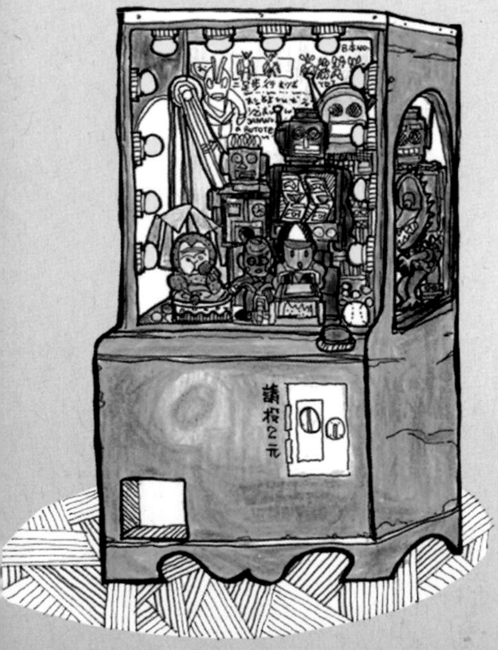

[step6] 步驟六

1. 上色工程。
2. 先從物件內的商品開始上色，依序為燈泡及外框木架。
3. 注意機檯後方的背板，需留白，以區隔商品與商品的位置關係。
4. 完成後簽上大名即告完成。

床屋

阿花的電髮院／剃頭店

黑狗黑貓最摩登。

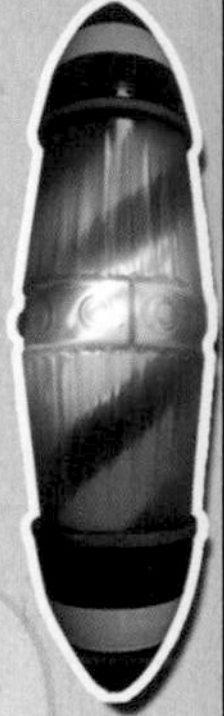

收藏心情故事

DATE/ NO/

小時候的髮型只有一種，就是短到不能再短的小平頭，很像光頭的哪種。剛理完後超級宇宙無敵醜……淚崩，於是每每到了頭髮稍長，需要理髮之際，就有肚子痛，牙齒不舒服想大便……各種理由紛紛傾巢而出，但最後還是被母親大人拎著耳朵上剃頭店。坐上理髮椅那一刻，就像上刑場般的恐怖，幼年時的個頭很小，剃頭師傅總會在理髮椅上再架洗衣板架高，方便老師傅操刀，當髮根一絲絲落下時，張大衛的淚水，也隨著脫離頭皮的髮根，溼滿整個衣襟。

不管我啜泣的多大聲，哭得多難看，剃頭刀依舊進行著鋤草計劃，像極了開設高速公路般工程，只要唇刀一過，黑白分明的頭皮馬上現出，直到頭皮全變白色後，才見戰事稍歇。不知道是老闆人好心，還是把我理得太醜心虛，完工後，總會打開裝香烟的圓筒鐵盒，拿出棒棒糖說：囝仔賣哭啦！這枝給你吃，從此之後，我的理髮即與棒棒糖相互結緣。

COLLEC

DATE/ NO/

現在的我，理髮可講究多了，就像皇上選妃，先看哪家的洗頭妹最正，手法最輕柔，再選個最時尚美麗的髮型設計師，才決定上那家美容院整理我的頂上髮絲。

40年後的理髮價格，當然也就不可同日而語了，從民國62年的小平頭剃頭價15-20元，變成現在的男士美髮價400～600元，真是一分錢一分貨呀！

阿花的電髮院／剃頭店。

【圖解電髮院的型態與配置】

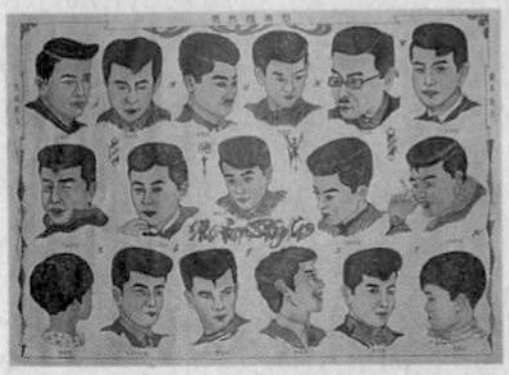
男士髮型圖表

美容院招牌

【旋轉燈傳說】

在網路及眞實故事中流傳的旋轉燈大概有兩種：

第一種說法：西歐國家在中世紀時，人類生病主要是因爲體內各個元素不平衡，只要激發各種多餘的「元素」，自然就會恢復健康。醫學研究發現在人的血液中是最容易激發「元素」的方法，所以西歐人認爲「放血」是治療疾病的始端。但一般醫生都認爲「放血」是屬於下等人工作的事，於是就委託理髮師來做。在 1540 年，經英格蘭國王批准，成立了理髮師、外科醫師聯合會。因此理髮師總會也正式打出外科醫師的名號，並選擇三種顏色代表該會的標誌。（紅色代表動脈／藍色代表靜脈／白色代表紗布）。

直到 1745 年，英王成立皇家外科醫學會，從此外科醫師與理髮師就此區分開來，但理髮店門前的紅藍白旋轉燈卻一直沿用下來至今。其他各國認爲這樣的配色很好看，也就紛紛效仿使用。

第二種說法：在第二次世界大戰中，德／法兩軍交戰。德國派遣五萬大軍攻打法國一個名叫「拍耳娜河城」的城市。駐守當地的法國指揮官得知相關情報後，因兵力不足以對抗德軍，故下令撤退棄守該城。等到德國大軍攻入時，法軍已先行撤退。在境內的德軍士兵，捉到一位該城市的理髮師「丹基倫」，並追問法軍的撤退方向，愛國的「丹基倫」明知法軍往東方撤退，卻向德軍說謊：法軍往西方撤退。待德軍追了 30 多哩路後方知理髮師說謊，於是將「丹基倫」殺害。大戰結束後，法國爲紀念「丹基倫」理髮師的愛國情操，於是舉行國葬將他的遺體安置在法國巴黎的萬國紀念堂供人景仰。而法國所有的理髮廳並在店門口掛上法國國旗（紅／藍／白）三色的燈桶以紀念「丹基倫」。其他各國理髮店得悉這樣的消息也紛紛模仿，久而久之流傳至今。

招牌

立地式吹風機

工具陳放架

牆上紅、藍、白的旋轉燈是理髮店的經典招牌。

日治時期鑄造的剃頭椅，是理髮店的鎮店之寶。

理髮椅上的洗衣板，是孩童 VIP 寶座。

早期的剃頭店，給人有種親切的感覺。

理髮店的文物故事。

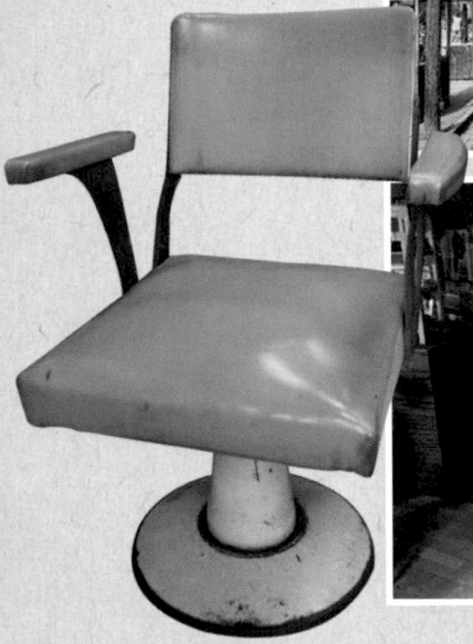

【電髮院】

阿花電髮院大約是民國 57 年左右的店家，通常都是大人們要參加重要宴會或婚禮時的前一天會去消費，這種上電髮院的消費方式，我們稱作「做頭毛」或「做頭嬯」（台語發音）。店內除了電頭髮和洗髮外，還有擦指甲油服務，記得小時候指甲油的顏色不多，大部分都是大紅色或粉紅色。

當母親在電頭髮之際，通常都是張大衛撒嬌的時候，因爲每當女人上髮廊時，就表示有喜事將近，心情也隨之特好，這時要個五毛錢買個白雪公主泡泡糖，依偎在母親身旁，可以快樂一整個下午。

【剃頭店】

北市微風廣場有個黑松世界博物館，館內陳設一間台灣早期的理髮店「明星理髮廳」，意思應該是指進入本店理髮的顧客，在完成「晒頭」之後，每位都是大明星吧！

50 年代的經典剃頭椅是日治時代從日本海運來台保存至今，剃頭椅的左邊有個像船上的大舵盤，舵盤的功能是讓椅背可成 180 度的躺下，方便讓顧客刮鬍使用，常看見鄰坐的阿伯在刮鬍時，可能是太舒服吧，不知覺中就呼呼大睡，還伴著巨大的打呼聲響。（笑）

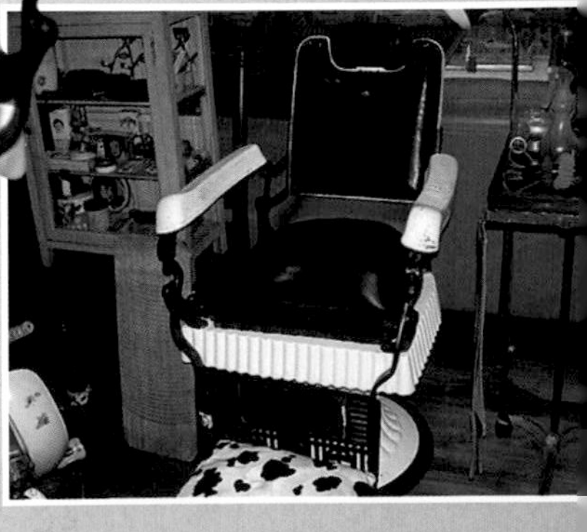

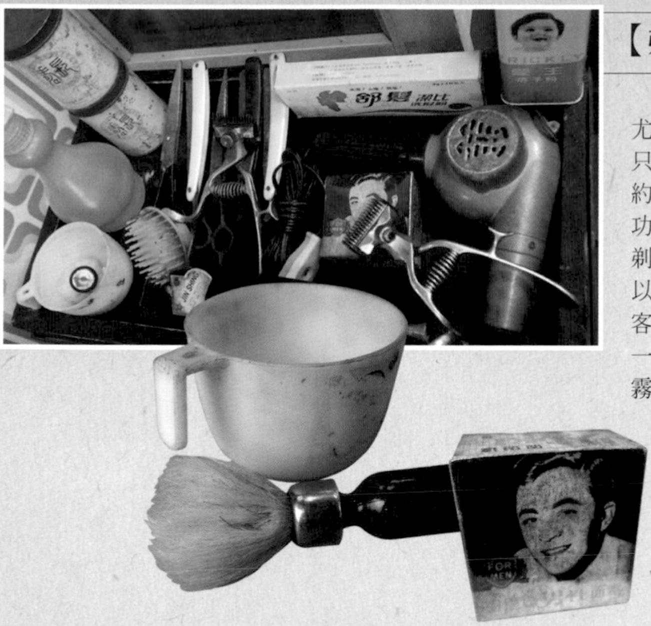

【剃頭工具】

男士的理髮工具就簡單多了，尤其是剃國中生與高中生的頭髮，只要簡單的一把電動剃頭刀，大約五分鐘就解決了。當兵進入成功嶺的理就是這種「剪光」髮型。剃完頭時，會灑上滑滑的痱子粉以保持清爽。若是較年長的主顧客，在理完髮後，老闆總會打上一根長壽牌香煙，讓顧客吞雲吐霧一番。

男士理髮與女士美容最大的不同，就是多了「刮鬍」這個項目，也叫修面，費用大概是 40 元左右。長髮的男士還有種特別的「上油」服務，就是在髮面上塗上一層厚厚的髮油，看起來像阿哥哥巨星般的閃閃發亮。

【美髮用品】

台灣早期的美容院很簡單，幼時常與媽媽上電髮院，沒錯就是「電」髮，或許是台語發音，所以招牌上也就寫著「電髮院」。在進入電髮之前，會先做洗髮的程序，老闆娘會拿著塑膠小圓盤，上面有小小的塑膠根來幫忙洗髮及按摩頭皮，很有效率也很好用。洗髮精在當時還是較貴，為了解省費用，洗髮時是用洗髮粉較多，金美克能／耐斯／舒也伊等品牌是較多見的。電髮完工後會以明星花露水加灑一下，以掩蓋剛電完髮後的焦味......現在已經很難看見電髮院了，取而代之的是富麗堂皇又專業的沙龍美髮廳。

【旋轉燈】

民國 50-60 年代理髮廳的旋轉燈的種類繁多，張大衛的收藏大概有 4 種不同的圖騰，但大都雷同。旋轉燈的上下兩端，配著藍、白、紅三色的燈罩，插電時會亮。中間內部的紙製燈罩就較多不同形式，但都以斜線或紅、藍、白的組合爲主，中間燈罩內放著小支的日光燈及相關燈組，若進行維修時，須先將上下錐型燈罩取下以方便維修。最外層的圓柱型燈殼，其材質有硬塑膠及玻璃二種，外觀都有明顯的巴洛克式風格，相當美觀精緻。

玻璃材質的那種屬於日治時期沿用至今的，在台灣較鄉村的剃頭店或許還能見到。

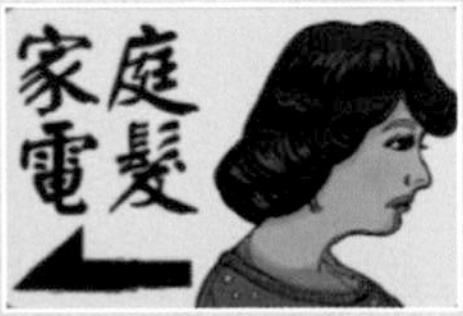

【髮型圖及價目表】

避免店家任意開價而造成哄抬價格或削價競爭，理髮商業工會制定統一理髮價格標準。

民國 69 年兒童單理髮 25 元 / 國中生 30 元 / 高中生 40 元 / 成人 70 元......還有一種叫「剪光」，就是剃光頭。

早期的理髮店座位的正上方，都會有一種手繪髮型圖表，很可愛，有濃濃的復古風，張大衛就愛收藏這種經典的畫作，但卻不敢嘗試圖中的任一髮型。

現在八點檔很多的鄉土劇，在劇情中還可以看見像髮型圖表上的髮型，代表劇組相當認眞考究。或許下回觀看本土劇時，可以來對照一下。

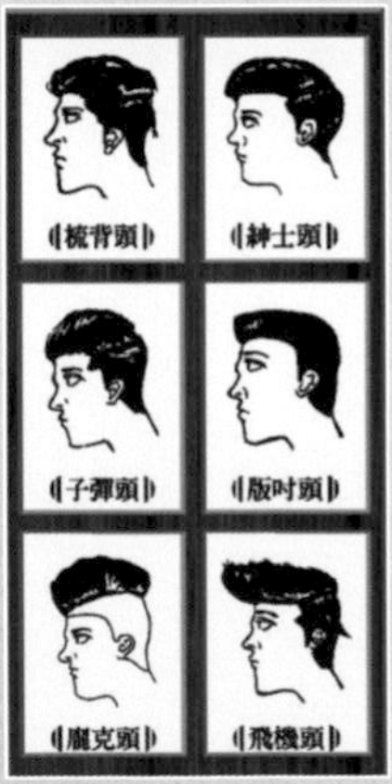

【金大方理髮廳】

台中香蕉新樂園餐廳內，有家台灣早期 50-60 年代左右的家庭理髮店。店面招牌極爲簡約復古，左右兩側繪製了髮型樣式圖，這是早期店面招牌相當常見的手法，簡單明瞭。

菱形的玻璃櫥窗更是理髮廳專用的窗戶特色，搭配簡樸的水藍及粉色的外漆眞是好看。大門上漆著（衛生第一／技術本位）告知消費者老闆的理髮功夫是無庸置疑的。

店內純樸但豐富的擺設，印證理髮廳在早期台灣的興盛，不同的年代有著不一樣的流行趨勢，然而這些流行與髮型有著相當密切的關係，這或許也是造就美容美髮業不敗的原因之一吧！

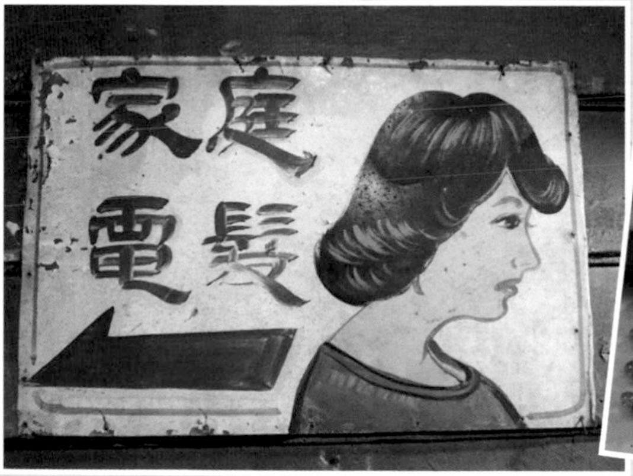

【復古美髮招牌】

美髮招牌是店家的廣告之一，招牌越美越精緻當然更爲店家加分。手繪招牌一直是台灣早期廣告招牌的作法，看板老師傅依照店家的樣本，繪製長髮飄逸的美女圖像，經過時光歲月的摧殘，看板上斑駁的鐵鏽更顯電髮店的悠久歷史。

後期的招牌有了印刷看板技術，在製作招牌時就方便多了，但複製相同的美女圖像時，也同時失去了手繪看板所帶來的樸實之美。科技的進步的確帶來了便利，卻也減少甚至是扼殺了手繪看板傳統產業的生計。

理髮店夢幻收藏。

【理髮椅】

日治時期的理髮椅以生鐵鑄造，左邊扶把下方有個圓盤轉舵，方便讓椅背緩緩躺下，整體造型相當典雅優美，即便過了近 80 年，風采依舊美觀耐用。幼年剪髮時，因為還不夠高，常須借助洗衣板並跨在扶把上當板凳以增加高度，這種畫面在民國 60 年代的兒童理髮時很容易見到。

【理髮價目表與旋轉燈】

民國 48 年時，男士剪髮 4 元、剪光 3.5 元、修面 3 元，小朋友剪髮 2.5 元、剪光 1.5 元。民國 50 年代的帥哥很愛在髮上抹油，這種讓頭髮亮亮的抹油只要 1 元。理髮廳的牆上通常都會掛張手繪的男士髮型圖，現在看起來很像早期電影中男主角的髮型，實在有趣。

【立地式工具架】

通常陳設於理髮椅或美髮椅旁，方便理髮師傅拿取理髮工具用。

【旋轉燈】

出現在台灣早期的理髮廳旋轉燈有很多種，其中日治時期的玻璃外殼最為特殊，或許因當時工業發展尚未有壓克力技術有關，不過玻璃式外殼的燈罩，由於透明度較佳、數量稀少，已成為懷舊收藏家的夢幻逸品。其他壓克力外殼，富有巴洛克式風格的旋轉燈，其實在現今的台灣也已不多見，取而代之不再是標準的紅、藍、白三色燈，而是多變的時尚旋轉燈。

【掏耳燈】

這種專門掏耳燈，在較鄉下的理髮店還常看見，通常是剪完髮後的掏耳屎服務。記得有一回用棉花棒掏耳時，不小心放進耳朵過深，當拔出棉花棒時僅剩塑膠棒，棉花頭竟卡在耳朵深處，只好去理髮廳用這種掏耳燈幫忙照射，請理髮師夾出棉花頭。

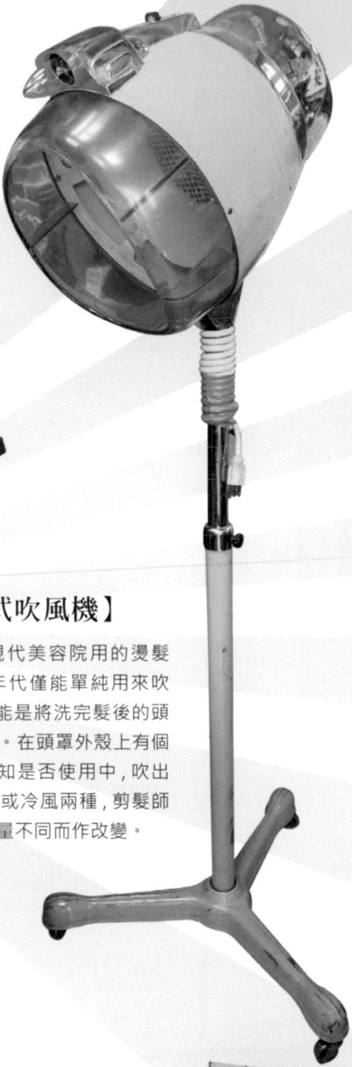

【理髮工具箱】

早期很多小型的剃頭店，並沒有專業的收納工具箱，於是理髮師通常會很克難的自己製作，然而這種自製的理髮工具箱，依據理髮師個人的收納習慣及工具陳放位置而訂製，反而更具個人特色，也成收藏家熱愛收藏的物品之一。

【立地頭罩式吹風機】

這種外型酷似現代美容院用的燙髮機，其實在 50 年代僅能單純用來吹風而已，主要功能是將洗完髮後的頭髮可以迅速風乾。在頭罩外殼上有個小燈泡，用來告知是否使用中，吹出來的風有分熱風或冷風兩種，剪髮師傅會依髮型、髮量不同而作改變。

【廣告招牌】

用來放置於店門口或釘掛於門口牆面上，用來廣告之用。

理髮店手繪圖教學。

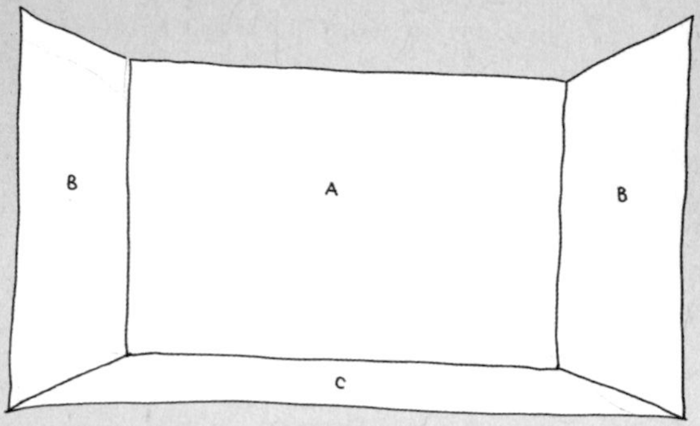

[step 1] 步驟一

1. 繪製場景前，先將場景畫面展開並分成 A、B、C 區。
2. A 背景牆、B 左右牆面、C 前景圖。
3. 繪製草圖由內而外，先從 A 區開始繪製→ B 區→ C 區。
4. 完成理髮商品配置圖。

[step 2] 步驟二

1. 先繪製背景牆上的橫式招牌→旋轉燈→梳妝檯等。
2. 再行繪製左右兩側的招牌位置，先做好預留空間。
3. 最後畫上理髮椅、電髮椅、燙髮機等。
4. 線條重疊部分，以前場景商品爲主，擦拭被壓到的相關線條。

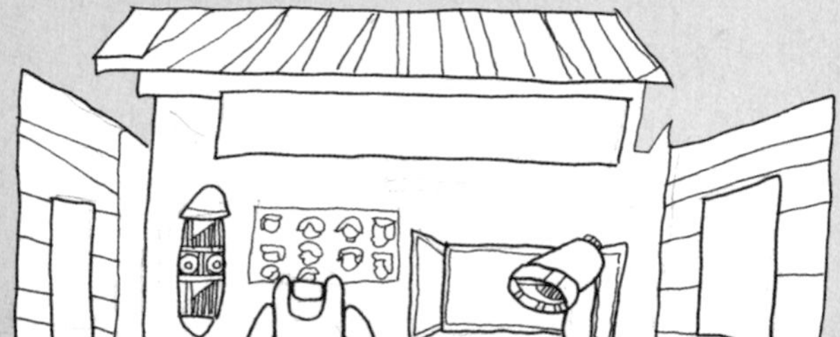

[step 3] 步驟三

1. 將各部位的商品群，繪製較細緻的線條。
2. 屋簷線條、左右側木板線條、地板紅磚線條。
3. 旋轉燈內部繪製，及梳妝檯內部繪製。完成理髮商品配置圖。
4. 加繪髮形圖表。

[step4] 步驟四

1. 將背景牆的馬賽克矮牆分格繪製。
2. 屋簷磚瓦繪製。
3. 背景牆直條板壁紙繪製。
4. 全圖外框加粗，用 0.5 針筆來表現外框的邊緣範圍。

[step5] 步驟五

1. 開始著字「新優美理髮廳」，以仿毛筆字中的字體來書寫較具老式招牌的風格。
2. 左側「公共理髮廳」招牌字樣書寫。
3. 右側「家庭電髮」招牌繪製及書寫。
4. 完成針筆細部繪製。

[step6] 步驟六

1. 著色工程開始。
2. 利用色鉛筆重複上色，注意光線的表現在較陰暗的重疊處，可重複上色來顯示。
3. 需注意色鉛筆的重複上色使用，盡量同一方式上色（橫式或直式）避免使用交錯上色法。加繪髮形圖表。
4. 完成。

[step 1] 步驟一

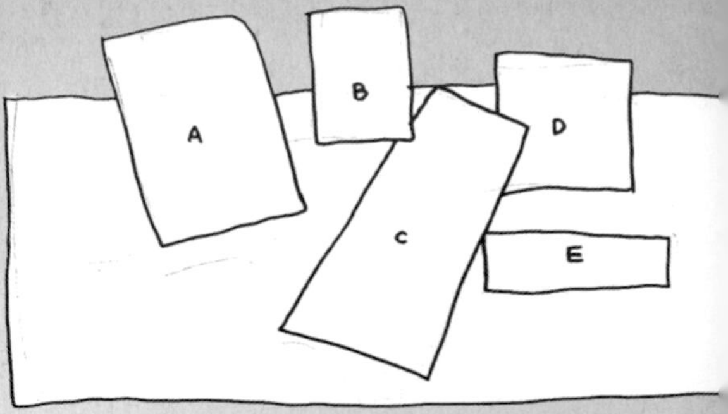

1. 先將繪畫的圖形依比例的大小置於紙張中間大概位置。
2. 依照位置將商品分類爲 A、B、C、D、E 共五種商品。
3. 配置圖可先利用 HB 鉛筆先行描繪方便完成後用橡皮擦擦拭。
4. 完成理髮商品配置圖。

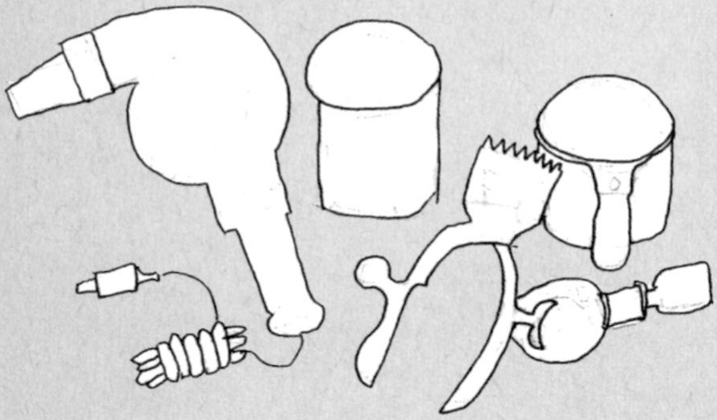

[step 2] 步驟二

1. 配置完成概略位置後，開始繪製外型圖。
2. A. 吹風機、B. 香菸、C. 剪髮器、D. 刮鬍杯、E. 刮鬍刷。
3. 依照商品不同外形開始描繪。
4. 在不確定商品比例大小前，請先用 HB 粗概繪製。

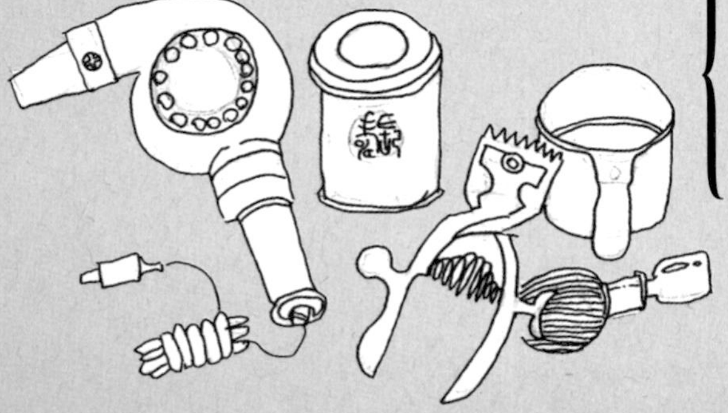

[step 3] 步驟三

1. 商品外型大小及位置確認開始繪製內部圖。
2. 內部結構可先用 HB 鉛筆描繪，確認圖形的放置區域及大小。
3. 上品與商品若有相互重疊部分需區分上與下或左與右的關係來決定重疊者的前後。

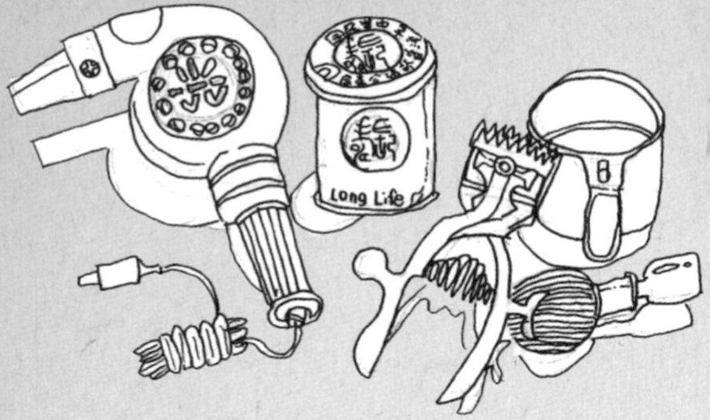

[step4] 步驟四

1. 商品的外觀及內部結構圖都已經完成後開始繪製商品陰影部分。
2. 陰影部分的造成，主要取決於光源的方向，造就陰影該繪製的區域。
3. 通常光源放置於圖的右上方，所以陰影部分會在商品的左下方造成。
4. 開始略粗略繪製商品的陰影處。

[step5] 步驟五

1. 完成商品所有圖形及陰影部分，開始繪製精緻筆觸。
2. 精緻的筆觸可使用針筆來進行繪製。
3. 圖形外框線可選用 0.5 的針筆加強粗框繪製。
4. 內部結構圖則使用 0.3 的針筆繪製。
5. 陰影部分，則使用 0.1 的針筆繪製。

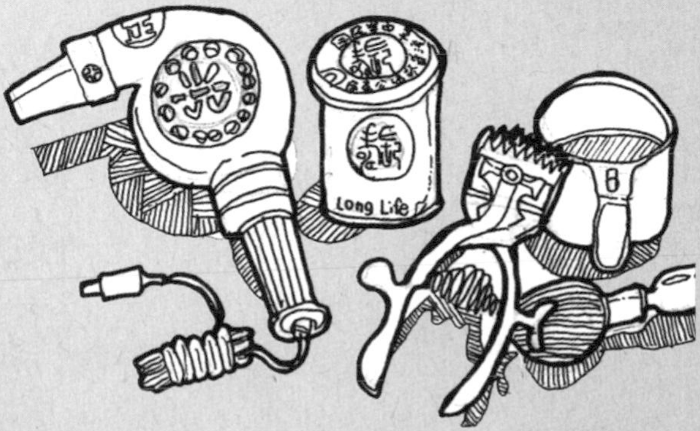

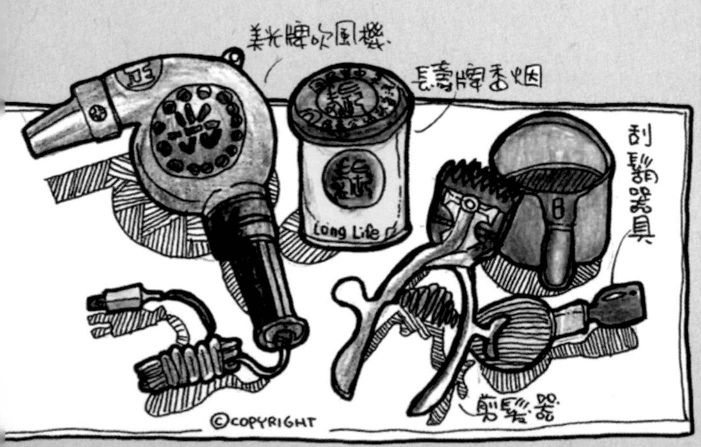

[step6] 步驟六

1. 上色工程繪製。
2. 依照寫實的商品色則選用該色的色鉛筆著色。
3. 可利用重複上色來加深商品色階層的表現。
4. 完成上色工程即完成該項作品。

台灣老戲院

牽阿母的手看電影。

售票口
全票伍圓
半票參圓
軍警票貳圓

收藏心情故事

DATE/ NO/

駐立在紅磚牆電影廣告板許久，戲院內正上映著老媽媽最愛的【黃昏城】電影。

妳/你有多久沒牽著老媽媽上戲院了呢？很可惜，張大衛已經沒有這樣的特權了。子欲養，而親不在，應該是我內心深處最大的痛。倘若擁有這種高尚的特權，千萬別放棄好嗎……（牽著阿母的手看電影）。多麼溫馨令人欣羨的畫面。

台灣早期的戲院極少，而老戲院更是台灣電影重要的開端，建於1927年的九份昇平戲院，便是台灣北部第一家戲院。來到昇平老戲院，不僅僅欣賞【戀戀風塵】，也愛戲院本身的歷史建築物，想像在近百年的昭和年代老場景，置身其中。張大衛收藏老戲院相關場景文物，特別鍾愛手繪式的電影海報及高掛大門前的廣告電影看板。記得幼年家中巷口就有一家疊滿看板的電影廣告公司，老師傅常蹲在地上，叼著香煙，一筆一畫，慢慢勾勒出劇情中男女主角悲情模樣。

單號入座

DATE/ NO/

台灣電影海報手繪大師陳子福，他的作品亦是收藏家眼中的珍寶，手繪海報工作50年中，陳子福大師共繪製了超過5000幅。最厲害的是無師自通的繪畫本能，卻能將未上演的劇情，映畫出栩栩如生的電影情節畫面。

愛塗鴨的張大衛，非常鍾愛純手繪的圖稿，喜愛那種單純筆觸烙印在純潔的白紙上，就像勞萊與哈台的默劇，雖然簡單卻經典。

台灣老戲院。

【圖解老戲院的型態與配置】

戲院招牌

電影廣告牆

涼椅

電影看板

民國 50 年代喊玲瓏雜貨車

電影宣傳車

【九份昇平戲院】

九份昇平戲院是台灣早期知名的極少數戲院之一。現在已是台灣北部知名的旅遊景點。

1934 年（昭和 9）由吳樹桑與周天生等人合股，於現在的九份豎崎路和輕便路的交叉口處，興建一樓石造、二樓木造的兩層建築物，並命名爲「昇平座」。在民國 40 年時候，「昇平座」易名爲「昇平戲院」，並於民國 51 年再次改建。改建時不論在建材及設備的選用上都極講究，包括屋頂採上等木材架構、上舖油毛氈並刷柏油；原二樓木造並改爲具隔音和隔熱效果的空心磚造牆面，戲院設備已具現代化規格。

民國 60 年因爲金瓜寮的礦量不如預期，並在這年結束採礦，伴隨著礦產結束，工人也就回鄉，而工人卻是當時昇平戲院最主要的消費群，少了看戲的觀眾，戲院當然也就無法經營。於是昇平戲院在民國 75 年結束營業。戲院產權幾經易手，後來由知名建築設計師李祖源購得（台北 101 摩天大樓設計師之一），並在民國 98 年時，捐給新北市政府，爲了促進觀光產業，並推動九份的採礦景點，新北市政府用了二年的時間投入整修荒廢數十年的昇平戲院，並在民國 100 年開放參觀，而管理單位便是離戲院不遠的黃金博物館。

喜愛老場景的張大衛，也常騎單車上山運動並欣賞昇平電影院的老場景。喜愛戲院外觀懷舊復古的氛圍，把自己融入場景，像是採礦工人下班，準備購票看場電影的想像。

戲院內保存許多當年的老文物，戲院門口陳設一排六張的觀眾椅子，那是用宜蘭太平山的檜木所製成的，非常耐用，至今仍然保持當年的造型及設計的模樣。由於九份地區崎嶇小路特別多，電影廣告專用的三輪車無法進入，於是會僱請工人，扛著電影廣告看板，穿梭在彎曲小徑上，這應該也算是九份昇平戲院特有的廣告方式吧！

後來侯孝賢的電影《悲情城市》中的主要場景，就是昇平戲院，而電影的賣座，也帶動九份的觀光人潮。你有多久沒來懷舊一下老戲院的場景呢？有空時，歡迎參觀台灣昇平老戲院。

現今九份昇平戲院外觀，依舊復古簡樸。

早期磨石牆的售票口小巧可愛。

昇平戲院寬敞的一樓座位區。

用宜蘭太平山的檜木所製成的觀眾座椅。

老戲院的文物故事。

【台灣老戲院宣傳海報／手繪海報—陳子福】

位於新北市蘆洲，有一家知名的新食代懷舊餐廳，餐廳的後方規畫成鷺洲大戲院，戲院裡面掛滿了當年的電影海報，說到台灣手繪電影海報，一定會提及手繪電影海報大師陳子福先生（Chen Tzu-Fu）的作品。

出生於 1926 年（大正 15），台北市人，家中排行第七，畢業於台北市老松國小。繪畫一直是陳子福自幼的天分與興趣，由於繪畫天分過於常人，經由朋友介紹進入專門畫看板的白日畫坊工作，一段時間後，再經由貿易公司老闆介紹進入國泰電影公司工作，因愛繪畫故常主動幫忙繪製部分掉漆修護的工作。剛開始只是負責看板破損的修復補強工作，如果破損嚴重無法修復，陳子福就自己重畫一張，畫得甚至比原先的更好。日子久了畫作多了，繪畫功力受到肯定，就算是別家電影公司的電影看板或海報，也會請陳子福幫忙修護補修，後來自行創業開始接受片商委託繪製各式的電影海報看板，因爲手繪功夫了得又非常注重作品的質感，得到各大電影公司及片商讚賞與委託製作，所以工作量非常高，繪製的作品也超過 5,000 幅。

陳子幅的畫作經歷了各區間的電影潮流，台語片／文藝愛情片／武俠片等，除了不同的畫作風格呈現，也算是見證了台灣電影史。並在民國 95 年獲得第 43 屆金馬獎終身成就特別獎。

【電影宣傳車】

早期台灣的戲院都配置有幾部像這樣的人力宣傳車，利用三輪車及電影手繪看板沿街廣播，透過小喇叭的播送告知最新電影資訊。小孩們則喜歡跟隨著三輪車，想看清楚最新電影的廣告內容，一邊含著棒棒糖，一邊追逐著宣傳車直到氣喘吁吁跟不上爲止才停下腳步。

有時電影廣告宣傳車也會一同發放小張單色印刷電影廣告傳單，這種紙張大小約爲 14×21 公分，非常適合摺紙飛機或包裝柑仔糖使用，那時並不知印刷油墨的污穢，吃著柑仔糖的同時，應該也吃進不少印刷油墨吧！

民國 60 年代還就讀國小的張大衛，上戲院看電影只能等到過新年或重大節慶，方有可能欣賞大銀幕的劇作，所以童年期追逐電影宣傳車，並了解電影預告對我而言那是非常快樂的事情。

民國 65 年的《大金剛》（KING-KONG）正是我人生第一部觀賞的電影，看著女主角潔西卡與大金剛大鬧美國紐約的劇情至今還印象深刻。有電影眞好，也豐富了我童年的歡樂時光。

【香蕉新樂園戲院】

香蕉新樂園懷舊餐廳在民國 90 年獲得國立故宮博物院認定，評定爲重要的地方生活博物館，列爲地方重要文化資產。而其中的老戲院場景，更是布置得美輪美煥，耀眼奪目。戲院上頭的廣告看板正上映著林福地大導演的《黃昏的故鄉》，由金玫與陽明主演，海報上文案是這樣寫的：爲天下情侶鑄千古摯愛，爲世間男女煉萬世眞情。或許這樣的文案也正顯示出那個悲情的年代最佳寫照吧！

在民國 60 年代台海情勢逐漸穩定，官方也開始注重人民的休閒活動，提出電影公司需製作出較健康寫實的題材《養鴨人家》、《蚵女》即是當時的代表作品。

【台灣大戲院】

彰化鹿港「台灣鹿港囝仔懷舊餐廳」，進門左邊有家台灣大戲院，戲院掛滿了當年老舊的手繪電影海報，非常精緻好看，而老戲院的外觀做得非常考究，利用魚鱗板方式做成的售票口，非常懷舊好看，也可見到台灣早期戲院入口處左右兩側，寫著「冷氣開放」、「彩色螢幕」的大面玻璃綠色木框門。

民國 44 年麥寮拱樂社歌仔戲團的團主陳澄三與導演何基明合作，拍攝《薛平貴與王寶釧》，那時候的電影只有黑白銀幕，而後期到了民國 55-57 年左右的新開戲院，爲了要與舊戲院區隔，都會特別在入口大門處寫著彩色銀幕字樣，以便提醒觀眾這家戲院是採用先進的彩色銀幕播放喔！

【電影宣傳單與戲院入場卷】

時代的進步與科技發達，戲院購票的方式也變得多元化，可從上網訂票或便利店購票，傳統式的戲院前排隊買票已經不再是唯一購票的選擇。台灣早期的電影票屬於鑄字排版印刷，分爲入場卷與存根聯，以利對號入座或盤查有否購票入場之用。個人喜歡傳統式的購票方式，在等待排隊購票有種歡愉的心境，牽著心愛女友的手，等待似乎也變成一種歡樂。

單色印刷的電影宣傳單，現今已不多見或完全消失，取而代之的是平面媒體或是網路行銷廣告，不同年代的廣告方式，隨著新世代蛻變而有所更改，不變的是大銀幕所帶來情境效果，依舊是讓人掏錢進戲院最主要的因素。

【台灣老戲院廣告牆】

從事相關懷舊設計多年的張大衛，對於老街的紅磚牆面的詮釋，一定要加上老電影海報才能襯托民國 50 年代懷舊濃郁的氛圍，特別喜愛把這樣的電影廣告牆面，大量運用在懷舊餐廳或商業展覽上。

早期台灣應該很多類似的街景，尤其是在小吃店或榕樹下的老麵攤圍牆上，都會有像這樣的畫面。然而電影公司或片商也看見這種無需廣告費的廣告商機，只要提供每部電影新片二張電影票給店家，就能免費張貼電影海報廣告，而店家也樂於每月都能欣賞免費的電影，這種共利且雙贏的廣告模式在現今的台灣中南部戲院附近小吃店還是多見。

老戲院夢幻收藏。

【電影廣告宣傳車】

利用三輪車載著電影廣告看板，在街頭巷尾巡迴播送當天電影戲名，並播送電影主題曲及部分電影情節故事。

小孩們通常喜愛追著圍繞宣傳車，要幾張簡單的四色印刷電影小海報，拿回家期待父母帶我們進戲院看戲，或是將電影小海報收集起來，集結成冊收藏。

【電影廣告看板】

傳統式的電影廣告看板，常釘掛在戲院旁的紅磚圍牆上，並在海報木框上方配置日光燈，以利夜間照明使用。

另外單張電影海報張貼方式，則很常出現在人潮眾多的廟口或麵攤店家的牆壁上，以供來客參考電影選項，也為戲院的電影打廣告。

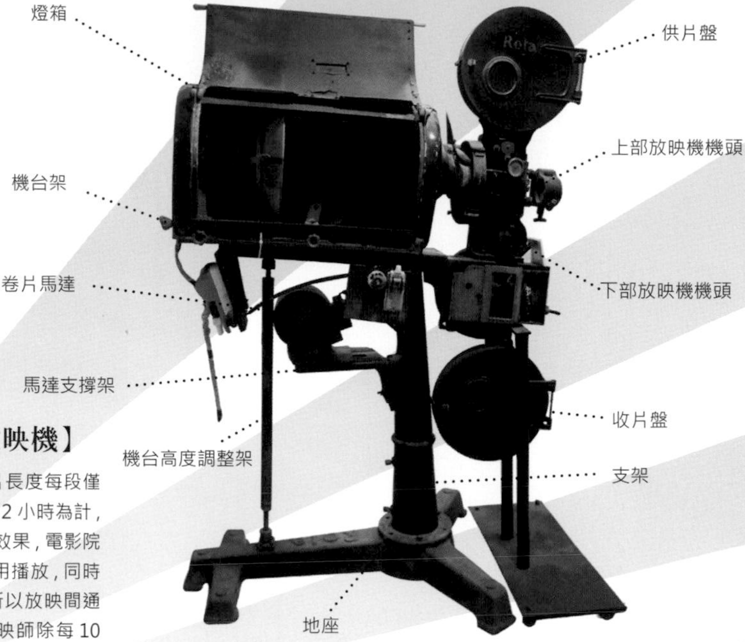

【古董式炭精棒電影放映機】

早期傳統影片因技術問題，影片長度每段僅能播放約 10 分鐘。一部電影以 2 小時為計，則需 12 卷，為了達到連續播放效果，電影院放映間則需 2 台放映機輪流使用播放，同時間也常須更換燒損的炭精棒，所以放映間通常需有 2 位放映師來操作。放映師除每 10 分鐘更換影片膠卷外，每隔 30 秒至 1 分鐘還需調整炭精棒間距，讓播放的影片不致於停頓或中斷，放映師的工作，在這 2 小時內可說是相當忙碌。

【戲院前的叫賣車】

早期電影院門口聚集相當多的攤販，喊玲瓏行動車、饅頭包子叫賣車、燒肉粽車、修理皮鞋車……在等待電影開播之前，可以先行填飽肚子。或許看電影只是娛樂的一部分，其中等待電影開播之前的逛攤位、嚐美食才是約會看電影中最大的樂趣吧！

老戲院手繪圖教學。

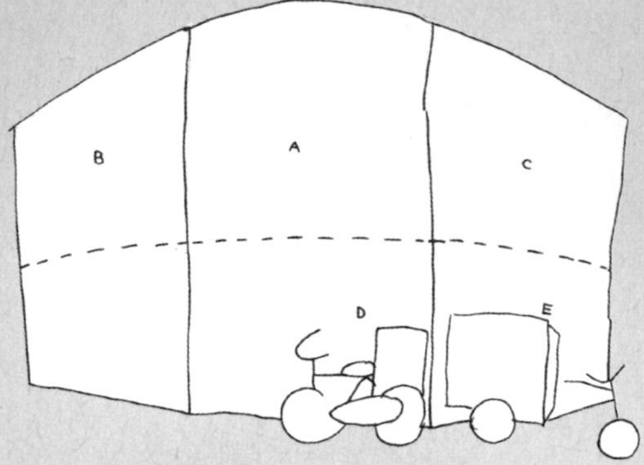

[step 1] 步驟一

1. 台灣老戲院場景較爲複雜多元，先將主場景分爲A、B、C、D、E。
2. A戲院大樓圓弧造型、B電影廣告牆、C電影廣告牆、D喊玲瓏雜貨車、E電影宣傳車。

[step 2] 步驟二

1. 由電影廣告牆將先行繪製粗略狀態。
2. 戲院大樓圓弧造型二樓繪製早期櫥窗。
3. 前景圖的喊玲瓏雜貨車先行配置。
4. 配置招牌及相關戲院場景布置。

[step 3] 步驟三

1. 前景圖的廣告宣傳車配置。
2. 進行D、E的細部繪製。
3. 繪製一樓的售票處粗略狀態。

[step4] 步驟四

1. 進行戲院大樓二樓的細部繪製，標註台灣大戲院招牌及兩側施掛布條，並加裝橫式招牌的跑馬燈。
2. 一樓售票亭的細部繪製。

[step5] 步驟五

1. 繪製 B、C 左右兩側廣告看板細部描繪，以老電影海報內容爲主題。
2. 選用 0.5 粗針筆加全圖邊框讓場景更形立體。

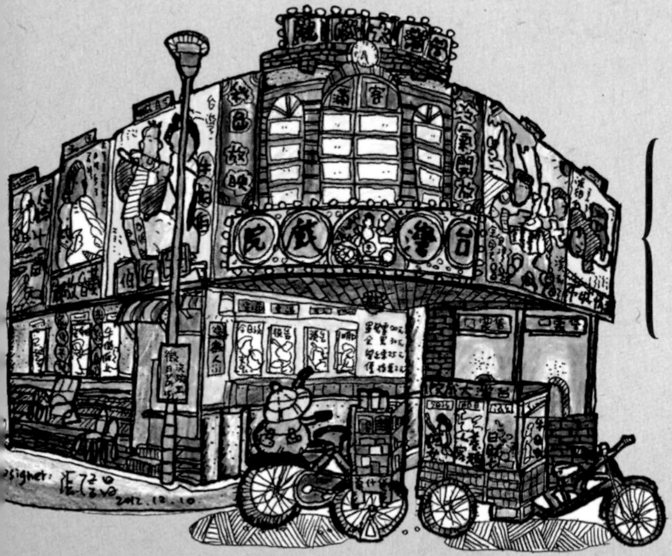

[step6] 步驟六

1. 開始著色工程。
2. 添加前景圖車輛及戲院大樓的陰影處，讓主場景更有立體感。
3. 利用 0.1 針筆修飾極細部的描繪。

[step 1] 步驟一

1. 先將主體架構分解後，並依照各部分的比例大小繪製粗略外觀。
2. A 後片盤、B 放映機機頭、C 收件盤、D 燈箱蓋、E 燈箱、F 馬達放置區、G 開關、H 地座。
3. 建議先以 HB 鉛筆描繪即可。

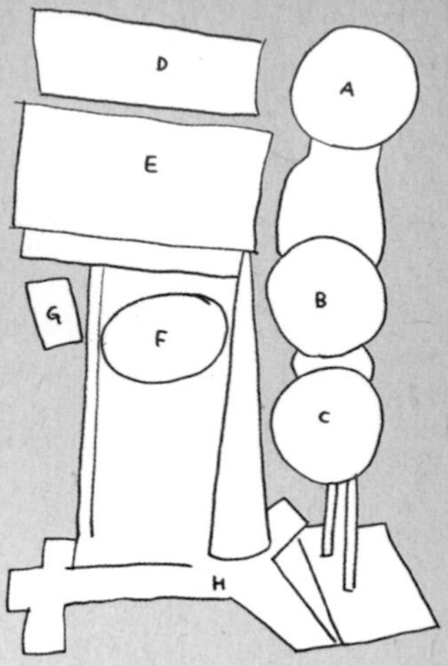

[step 2] 步驟二

1. 進行細部描繪工程。
2. 將較正確的放映機按照實際比例大小繪製。
3. 細部區域配置相關零件繪製，需注意各部位的角度陰陽面，完成大略整體結構圖。

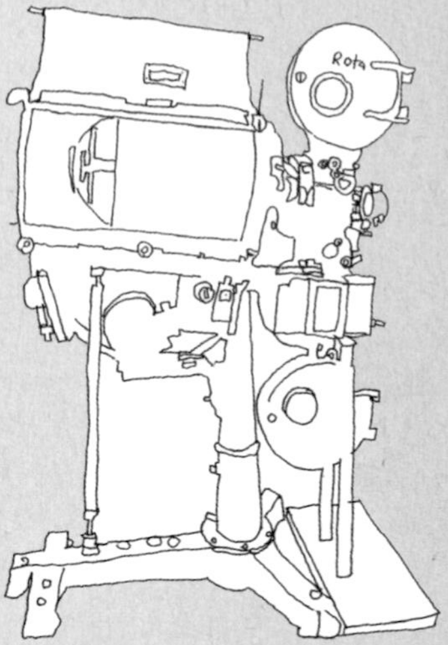

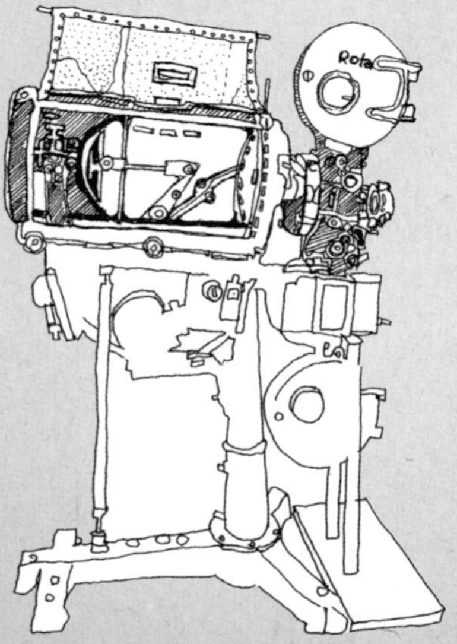

[step 3] 步驟三

1. 進行細部描繪工程，並以放映機「上部」爲主。
2. 針對燈箱內部作立體作圖，並將燈箱上蓋作實體繪製。
3. 右上方的供片盤繪製，需特別注意光線所產生的亮面，繪製出立體感的效果。

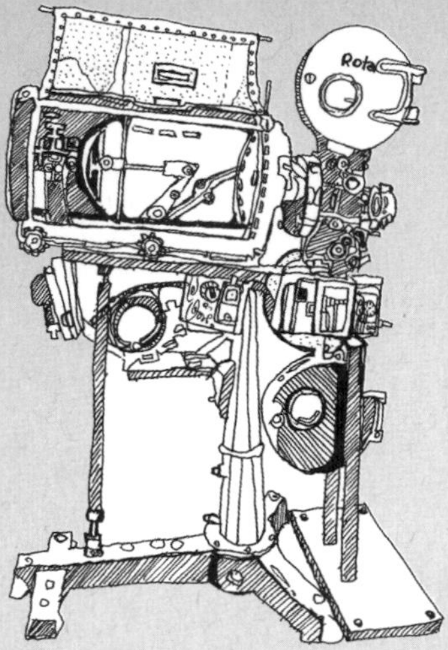

[step4] 步驟四

1. 繪製完成細部工程「下部」區域。
2. 下部區域以地座及收線盤、馬達箱爲主體，表現陰暗面時，可用細斜線重複繪製表現。
3. 注意放映機頭等複雜的線條，需注意觀察其細部圖案。

[step5] 步驟五

1. 繪製完成所有放映機主體結構等相關細部圖案後，以0.5針筆將全圖外框加粗、加深暗色繪製，以凸顯放映機主題。
2. 以手繪字標註各細部的機檯名稱，用來營造手繪圖的精緻手感。

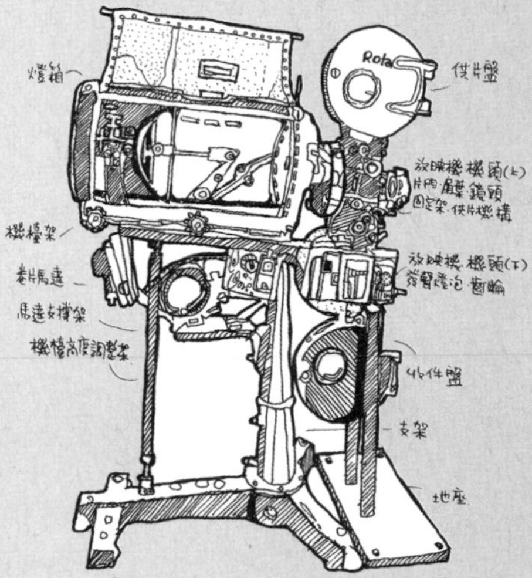

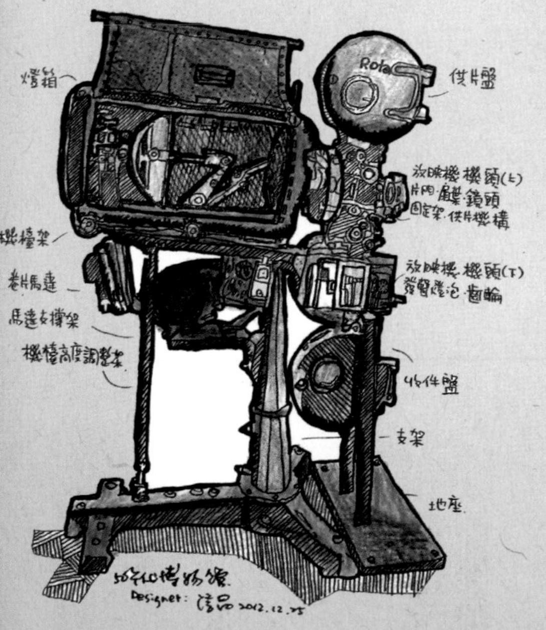

[step6] 步驟六

1. 準備色鉛筆上色工程繪製。
2. 先在鐵質且生鏽部分區域用咖啡色色鉛筆打底，並逐漸加深色澤。
3. 放映機檯本身爲黑色，以黑色色鉛筆重複上色，並注意深淺差異處來表現光源部分的層次感。

モーター車輌販売店

新三東機車行

台灣人的驕傲。

收藏心情故事

阿爸年輕的時候是位木匠師傅，很厲害的那種。

可以把客户想要的各式商品，只要是木器能完成的阿爸都可以滿足人客的需求，並帶著顧客的笑容完成交易。阿啓是父親的乳名，阿啓總是忙著工作，用勞力與純熟的工法賺取勞資以填平全家開銷的缺口。

阿啓有輛老爺機車【新三東50 SA-1型】，不但是工作上的交通工具，更是一輛載滿全家歡樂的噗噗車。

假日全家出遊時，阿爸載阿母，大姐坐後面，手還抱著母親，阿爸和阿母中間夾放著大哥，而最小隻的阮大衛則坐在機車的油桶上，或許是特別座的關係，小時候對於油桶有著特別的好感。

在我的收藏行列中，擁有一間小型的機車行，共收藏八部台灣50年代左右的老機車，其中一部，便是我對阿爸的回憶收藏，新三東50 SA-1型

很可惜.現今已經很難甚至絕跡的看見新三東機車的身影,那不僅是機車界的古董收藏品,更是台灣人自製研發的品牌機車,新三東品牌機車的問世.載運雖然只有短短幾年的光景,但那份屬於國人的驕傲,正如廣告單上所寫:國人資金.超人技術,純國產.為民族爭光.最省油.最耐用。

新三東機車行。

【圖解機車行的型態與配置】

民國 50 年代，機車進口商相當多，其中以慶豐行、功學社爲主，進口廠牌則有日本的：本田、山葉、鈴木、山口、雷立克、兔牌、普恩德、明發、目黑、川崎、石橋等，美國的哈雷機車，義大利的：蘭美達、偉士牌，英國車有：三槍、杜克地、大炮、凱旋等，德國車有：薩克斯、勝利、純達普、漢克、BMW、等......張大衛收藏的機車中有輛對台灣的機車史上有很重要的貢獻 SST 新三東機車（1966-1979）。

民國 55 年（1966）新三東 SHIN SAN TONG（SST）50SA-1 型優雅造型，完美幾何。

會讓張大衛愛不釋手有個很重要的原因：國人自製研發的第一台機車。或許你很難在路上看見這輛正港台灣之光，國人自製研發的機車，讓我爲您介紹它吧！

【新三東品牌故事】

吳清雲，台南縣人，出生於 1929 年（昭和 4 年）。15 歲時畢業於台南將軍鄉「將軍國民學校」，並於鐘錶行當了六年的學徒。由於熱愛機械力學與研發，在 21 歲時轉到電機工廠，並在 23 歲時在台南成功路以二坪大的工作室，手工製造吹風機販售得利，二年後擴建至 16 坪的小工廠研發馬達，更在 30 歲（1959）時賺到人生第一個 100 萬（那時的洋房約 20-30 萬）。吳清雲擁有相當資金後，便在台南郊區設立 1,300 坪的馬達工廠，並成立「新三東工業股份有限公司」。當時新三東的馬達占國內內銷市場 45％、外銷市場 6%。當年政府鼓勵國人機車零件自製率，由吳清雲所領軍的 SST 新三東公司，擁有啓動馬達的關鍵技術，原來的協力廠發展成自製廠。自製廠占地 500 坪，員工 600 人。資產一億元台幣（當年的吳清雲 39 歲）。厲害！厲害！

民國 50-70 年代台灣市場的機車被日本本田、鈴木、山葉三大品牌長期壟斷，政府更在民國 57 年時，發布新命令禁止 50cc 機車雙載。由於民眾預期心理，紛紛停購只生產 50cc 的新三東機車。這個政策讓新三東所有機車嚴重滯銷及萎縮。

爲突破困境，不得已推出還未研發成功的 100cc 機車應付，但由於技術尚未成熟，導致故障率及不良率過高。可惜國人自製的新三東機車便在民國 68 年倒閉。令人氣憤的是在新三東機車退出機車市場後短短幾年之際，政府竟又開放 50cc 可以雙載了。

假使當年沒有「機車雙載」這個限禁，或許現在的新三東 SST 應該就像現在的鴻海或台積電之類一樣的偉大吧！台灣加油。台灣人加油。我愛台灣，我愛新三東 SST50cc 機車。

經典的 50cc 老機車。

山葉、偉士牌、本田、新三東等老機車。

台灣鹿港囝仔懷舊餐廳。

一整排經典的偉士牌機車。

機車行的文物故事。

【山葉 YAMAHA　YJ2】

這輛早期的山葉品牌機車，具備了故障率低、好騎、耐用的特色，常看見飼料行的老闆利用這輛車，載著滿滿的歐羅肥飼料包送貨，也有看見家電行用來載運電視機，這樣的商業場景在現在泰國與越南倒也常見。不過現今這輛超炫復古老爺車，可是機車收藏家眼中的夢幻逸品呢！

早期的山葉 YAMAHA 機車，在台灣是由功學社 KHS、萬山公司及日本山葉公司技術合作，所以在油桶上的標誌有山葉圖騰及 KHS 字樣等 2 種。

【本田 HONDA C200】

本田機車在日本有著相當大的生產規模，擁有成本競爭力很強。台灣早期的新三東機車關廠的部分原因，就是少了成本競爭力。本田不僅在台灣擁有不錯的市占率，在美國與英國的銷售成績更是搶眼，相形之下在美英機車以重型機車爲主導，而本田卻以輕型機車商品爲主角，重新界定市場價值，並以「善良的人騎本田機車」爲廣告詞，對抗自喻是「地獄來的訪客」重型機車，硬是把穿著黑色皮夾克的嬉皮哥重重的一擊。

民國 43 年台灣的三陽工業創立，初期以生產腳踏車的磨電燈爲主，後期也與本田技術合作，但三陽與本田在 91 年合作畫下句點，轉與現代汽車合作。

【本田 HONDA 輕型機車】

張大衛特別喜愛收藏 50cc 輕型機車，應該是輕巧可愛的造型吸引我吧！

這款本田 50 輕型機車，車身除了鐵質車架外，在前輪檔板及駕駛座前方也結合了塑膠材質，造就了這輛經典車款，經過 30、40 年時光歲月洗禮及使用者駕馭傷痕，至今依舊保持原有的外觀與配備，喜愛收藏舊物的行家，特別鍾愛造物者原有的設計和規格，或許有點污穢，但在污穢底下卻可以讓收藏者看見早期台灣的樸實年代。

現在這輛老爺車已退役，並安靜駐立在張大衛的 50 年代博物館中。

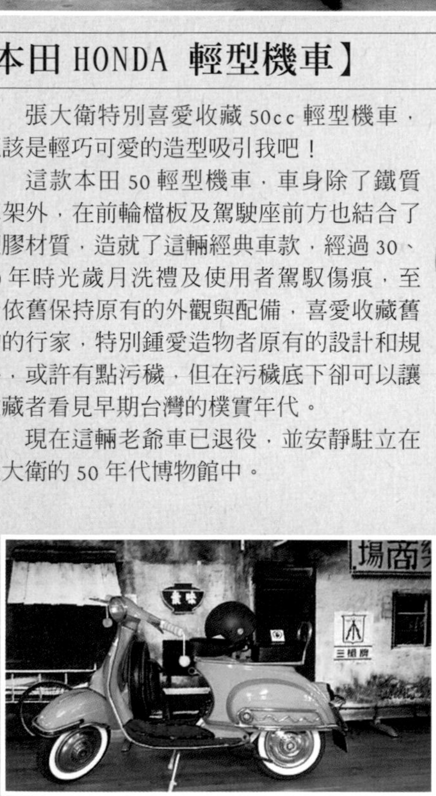

【偉士牌 VESPA 機車】

民國 50 年代的機車屬於高價的奢侈用品，能夠擁有孔明車（腳踏車）代步，已經是相當富裕的象徵，更何況擁有機車。

購買機車的顧客族群大都以醫生／貿易商／建築商等大老闆為主，其中較屬於「文車」的偉士牌，更是受到醫生們鍾愛。機車前方有個很大儲放空間，供醫生放置外診時的醫藥公事包，通常外診工作時都以偉士牌機車作為交通工具。現今或許偶有看見老偉士牌機車在街上奔馳，但卻不多見。

張大衛收藏的機車行中，其中 VESPA-50 便靜靜矗立在館中。特別喜愛它那種與眾不同優雅線條的外觀，讓人有種親和溫馴之感，這大概也是台灣早期醫生喜愛它的原因之一吧！

【鈴木 SUZUKI 機車】

民國 58 年時，鈴木機車在各報章雜誌上刊登廣告，這款機車強調載貨爬坡的高性能，並以 150cc 的威力 90cc 的價格為廣告詞，挑戰同業的成本競爭力。鈴木公司在 1909 年時，於日本靜岡縣創立。早期鈴木公司以生產紡織機具為主，後期開始生產機車與汽車。

在台灣機車部分由日本鈴木株式會社與台隆集團合作，成立台鈴工業有限公司代理，並負責在台速可達車系之生產與銷售，主要競爭對手為山葉機車／光陽機車／三陽機車。

圖片來源：阿源哥哥（企業玩具廣告人形館）

【鈴木 CCI 代言玩偶經典收藏】

阿源哥哥是台灣相當知名的企業玩偶收藏家之一，其中對於鈴木機車相關收藏品更是驚人，以下是阿源對這些經典收藏品所做的介紹：時間在民國 56-65 年之間，鈴木機車為了宣傳一種全新的給油方式，搭配 A125 型機車的發行，於是產生了 CCI 寶寶當最佳代言人......一頂永不退流行的紅色安全帽，配上脖子上的黃領巾和一身帥氣的騎士勁裝，對了，還要加上那個歡迎光臨的手勢，這就是風靡台日 30 年的 CCI 寶寶！圖中的美女，無論髮型或是表情都是經典中的經典，算算時間，美女應該也是阿嬤級的吧！如果有空，不妨到 KTV 點 S. H. E 的〈戀人未滿〉來看看，當時的 MV，ELLA 手中把玩的娃娃，就是鈴木小寶寶呢！

【機車廣告】

在台灣民國 60-70 年代綜藝節目中，鳳飛飛算是非常火紅的大咖明星，不但是很會唱歌的大歌星，也常是大銀幕裡的女主角，在主持界更是交出亮眼的成績單。張大衛幼時最愛她主持的「一道彩虹」節目，所以跨界代言機車廣告更是一定要有的廣告明星之一。民國 68 年鳳飛飛代言百吉 80 型機車，並刊載於時報周刊上。

山葉機車在民國 69 年也與軍中情人鄧麗君合作，並代言跑速樂機車，這種刻意強調女性為主，不需跨坐的輕型機車，的確受到廣大的女性消費者的鍾愛，在早期工業加工出口區上下班時，很常看見女性員工騎著這樣的輕型機車作為代步的交通工具，可見美女廣告造就的高銷售量業績。

【本田機車行】

彰化鹿港「台灣鹿港囝仔懷舊餐廳」內陳設了一家本田機車行，車行內布滿各品牌的經典老機車。本田／川崎／石橋／山葉／鈴木／三陽／光陽／偉士牌......每輛經典老車，都有一段經典故事。

早期台灣的機車大都仰賴進口，其中日本車更是居多，停放在本田機車行內的各樣機車，就像是一場懷舊經典老車大展。

若您來不及參與 50 年代機車業的奔馳歲月，有機會經過鹿港小鎮時，不妨入店享受一下濃濃的懷舊復古情懷。

古董機車夢幻收藏。

【日本機踏郵便車】

1960 年代，日本的郵差常以這款郵便車代步送信。「機踏車」算是介於機車與自行車之間的產物，在機車尚未發展成熟之前，這種腳踏車加裝油箱及二行程引擎的代步工具，在當時是一種權貴的象徵，通常以醫生、律師、地主等為最大宗的買家。台灣在短暫的年代裡也有這類型的機踏車出現，由於機車問世時間也甚早，所以很快被機車取代。

【山葉 YAMAHA 野馬 50 機車】

野馬系列是山葉機車公司銷量最好的實用車款，耐用、好騎、故障率低。當年有個經典的廣告詞「野馬的衝勁！愈崎嶇的路面，愈顯示出不凡的威力」，可見 YAMAHA 野馬系列的機車是多麼的威猛。

在民國 50 年代時，山葉機車還是由功學社股份有限公司、萬山股份有限公司與日本山葉技術合作生產，那時車上所掛的商標清一色為 KHS，不過這款車雖由功學社生產，但卻首例使用日本三葉商標掛在車上。

【本田 CS-50 機車】

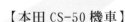

本田 HONDA 公司成立於 1937 年，一開始是生產汽車的關鍵零配件活塞環，創辦人為本田宗一郎。

在 1959 年時，成為世界上最大的摩托車製造商，以及世界上最大的內燃式發動機製造商。

在台灣銷售的本田 CS-50，當年是由三陽工業股份有限公司與日本本田公司技術合作生產，更以四衝程、不冒黑煙、省油為當時的廣告訴求。

【新三東 50SA-1 機車】

民國 55 年上市，「新三東工業股份有限公司出品」。機車引擎採用旋閥式、出力大、轉矩強、四段變速、耗油量少、價格便宜，是一部經濟實惠的理想機車。新三東 50SA-1 以山葉機車 50cc 為原型，以低廉價位優異性能一砲而紅。 並自行開發新車型，成為國人自創國產機車品牌的特例。 民國 57 年初政府宣布 50cc 機車不得雙人乘坐的政策，讓國人對於 50CC 卻步，新三東 50SA-1 機車庫存大增，也漸漸失去了市場，最後因主企業馬達工廠投資過大、財務吃緊而倒閉。

【本田 CS-65 機車】

民國 57 年政府實施 50CC 機車不能雙載政策時，這款 65CC 的輕機車，也就成為市場主流，大都用來載運輕量貨物，很常在柑仔店、電器行或水電行的門口看見老闆載貨的身影。

機車本身外型相當流線美觀，樸實的外表之下，有著一顆強而有力的心臟（引擎）。

【本田 50CC 機車】

台灣三陽機車在 1967 年引進這款新一代本田 C50 機車 ,C50 在汽門上，與原先 C100 有些不同，並做些更改，讓引擎功率及效率提昇。

1958 年時在日本推出本田 Honda Cub C100, 定價 5,500 日圓，兩年內共賣出 14 萬輛，成為機車有史以來產品壽命最長的暢銷車。這款機車顛覆了機車只能男生騎乘的慣例，讓穿裙子的女生也能不用橫跨座墊，直接上座騎乘，當年在台灣各加工出口區，很常能見到女性員工騎乘這款機車上下班。

【偉士伯 VESPA 50 機車】

「VESPA」義大利文 WASP 是黃蜂的意思。就像機車外型特殊的腹腰、大尾部造型及其引擎聲。

台灣早期 VESPA 50 機車僅由義大利輾轉進口，當年能有購買能力者，大都以高收入的醫生、貿易商人或駐台美軍為主。自民國 1958 年起，台灣偉士伯股份有限公司成立。

VESPA 在 1953 年受電影《羅馬假期》的影響，當時隨著新聞媒體、廣告及電影的宣傳 ,VESPA 儼然成為一種文化和流行的風潮。

機車行手繪圖教學。

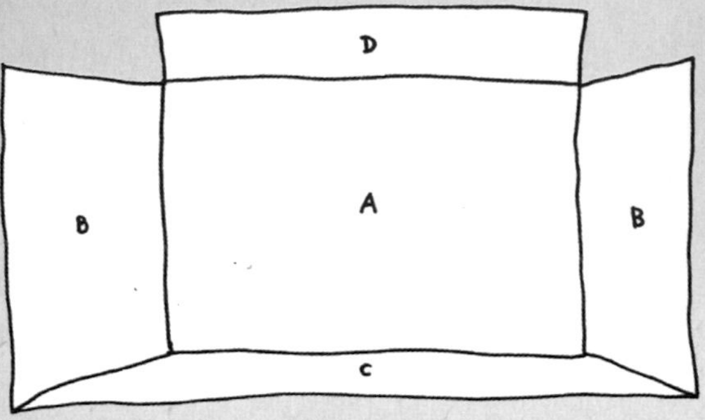

[step 1] 步驟一

1. 先將場景以展開圖方式繪製。
2. A 背景牆、B 左右牆面、C 前景圖、D 招牌。
3. 建議先行以 HB 鉛筆繪製各部位區域圖，待實物配置完成後，再擦拭掉。

[step 2] 步驟二

1. 繪製 4、5 輛台灣老機車外觀圖。
2. 進行機車繪製時，先以 HB 鉛筆按照機車比例大小粗略繪製外觀。
3. 由左至右機車類別：新三東機車→本田機車→小偉士牌機車→ HONDA 機車。

[step 3] 步驟三

1. 招牌字跡書寫 ST 新三東機車行。
2. 左側零件櫃邊框繪製。
3. 右側直招牌字樣書寫。
4. 背景圖繪製：串旗／背板牆／機車零件圖等繪製。

[step4] 步驟四

1. 利用 0.1 的針筆開始繪製各部位的場景配置圖。
2. 機車圖是整張構圖的主要場景，需特別注意整體比例及相關位置，尤其是機車結構內部更需耐心繪製。
3. 串旗細部繪製。

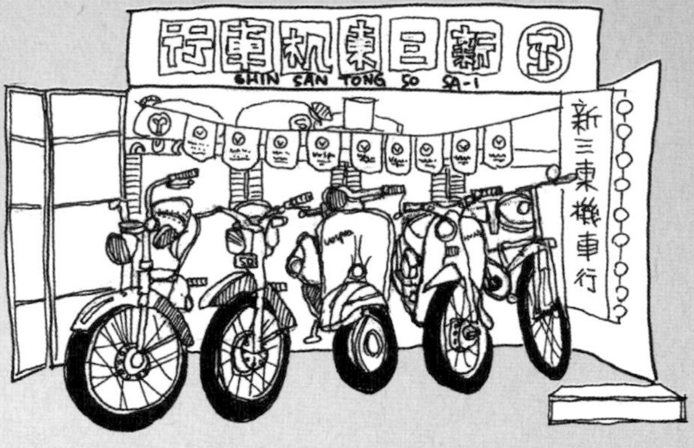

[step5] 步驟五

1. 利用 0.5 粗的針筆繪製整張圖的外框描繪，將場景圖明確繪出範圍。
2. 由於 5 輛的機車是構圖的精神所在，故也以 0.5 粗的針筆將各車輛的外觀加粗描繪以呈現主角所在。
3. 其餘場景圖則以 0.1 的針筆慢慢繪製，並將鉛筆線條擦拭掉。

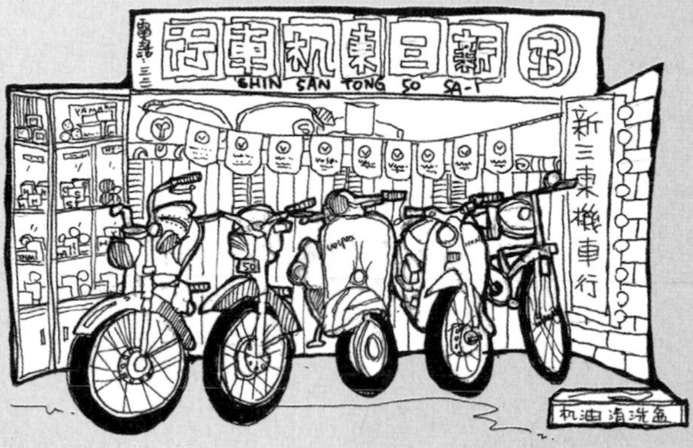

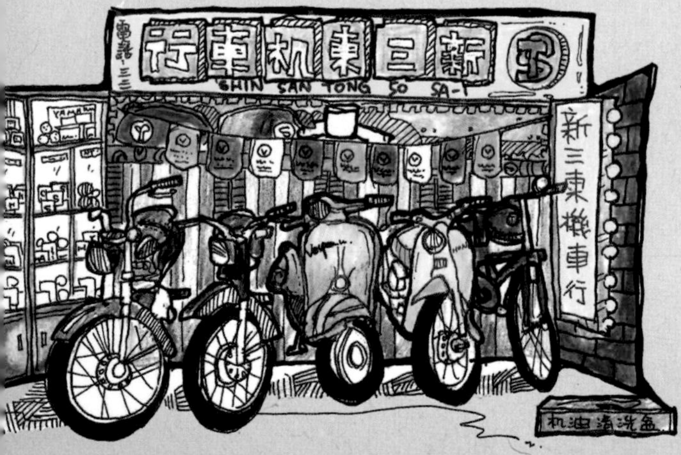

[step6] 步驟六

1. 上色工程。
2. 先將背景圖／招牌／左右的側邊場景圖以較平式的方式上色。
3. 對於主角的機車則需重複上色，並表現深淺對應的關係，以表現機車的立體感。
4. 在最後以針筆描繪補強各機車的線條
5. 完成。

[step 1] 步驟一

1. 將機車外觀分解，並按照比例畫出大約範圍。
2. A 頭燈、B 油桶、C 坐墊、D 前輪、E 後輪、F 鍊條蓋、G 空氣濾清蓋、H 化油器、I 連結器、J 引擎、K 駐車架、L 把手。
3. 備註：此部分請先用 HB 鉛筆完成繪製。

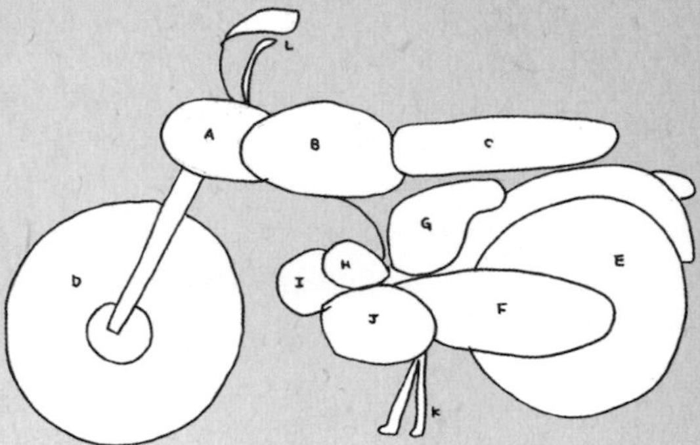

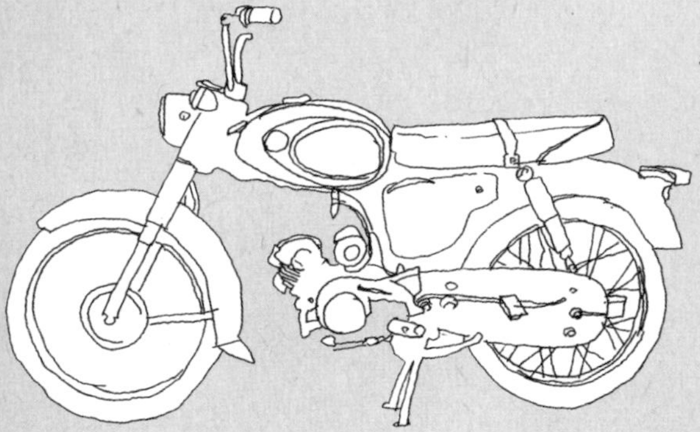

[step 2] 步驟二

1. 細部繪製工程。
2. 將各部分分解的外觀進行細部描繪。
3. 細部構圖時需細分各部位的大小比例原則繪製。
4. 化油器、連結器、引擎部分更需精細繪製方能表現筆觸的質感。

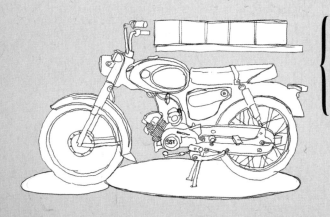

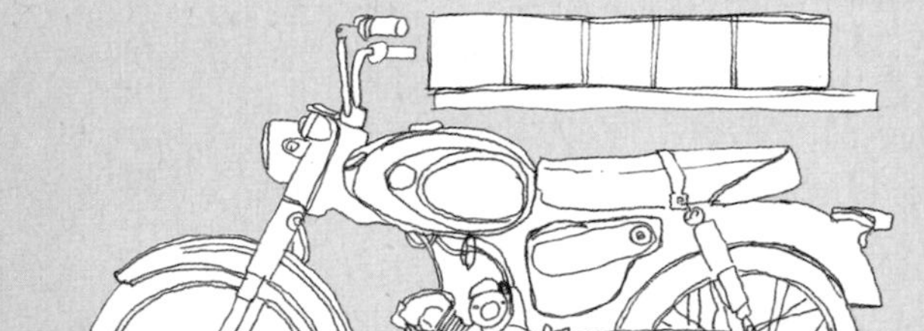

[step 3] 步驟三

1. 標題書寫位置保留及區分字跡比例大小，利用 HB 鉛筆粗略描繪。
2. 將機車的陰影部分粗略描繪位置。
3. 準備進行早期鑄造字書寫。

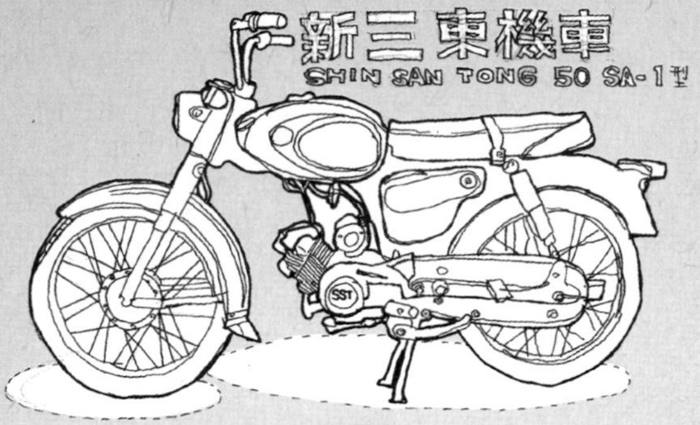

[step4] 步驟四

1. 標題書寫，品名：新三東機車，SHIN SAN TONG 50 SA-1型。
2. 早期鑄造字，大概叫無轉折法，以直線並保持字體落在預留框架上，書寫完畢後，再利用橡皮擦將框架擦拭掉。

[step5] 步驟五

1. 機車陰影描繪工程。
2. 在預留框架內以平行線並交錯繪製。
3. 由於平行線較精細繪製須保持手部平穩，盡量減少兩線碰觸而破壞美感及精緻度。

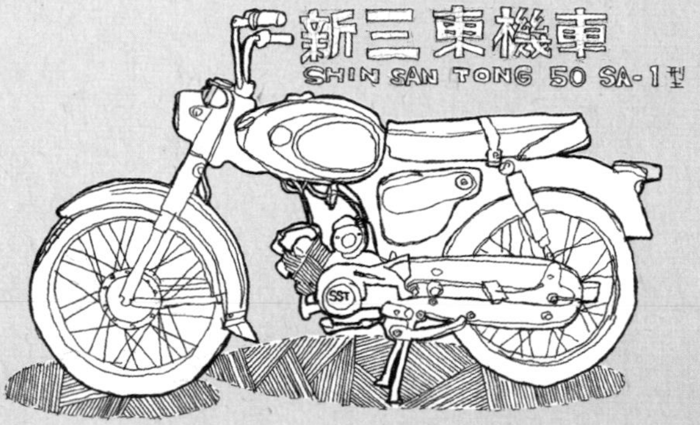

[step6] 步驟六

1. 著色工程。
2. 由於繪製的機車作品，本身爲單一黑色，故上色工程著重於色鉛筆的使用。
3. 重疊著色並重複上色以加深機車相關零件的陰影處。
4. 陰影處越深，那麼上色次數越多。
5. 完成。

かきこおりや

阿母ㄟ剉冰店

懷念的綠豆冰。

收藏心情故事

DATE/　NO/

這個老台灣路邊攤式的剉冰店，是張大衛利用幼時殘缺印象一點一滴收藏拼湊成的。

印象中母親就是用這套儉樸的生財器具，在高溫豔陽下，辛勤揮汗為到訪的人客，盛上一碗清涼的綠豆冰。幼時的自己與兄長最愛聽見母親(陳款)將銅板放進鐵皮餅乾盒中(鏗鏘)一聲，便知母親的生意又多一筆，更會母親燦爛的笑臉迎人的說:『人客來坐，裡面吃涼啦』……經過數十年的時光變動，那和藹笑臉的老母親已逝去，留下的是不朽檜木所製成的陳列櫃與天鵝牌手搖式剉冰機。再也無法嚐到母親大人親手製作的清涼綠豆冰，但畢生永遠記得那站立在豔陽高溫下，努力掙錢的辛勤背影。或許這也是母親對孩子們永遠不求回報的真愛吧！

每當酷暑盛夏來臨，我總會揪著兄長，四處找尋路邊攤式的剉冰店，找個安靜角落，點碗熟悉的綠豆冰，戲說童年往事，並追憶母親的養育之情。

COLLECTION　TAIWAN

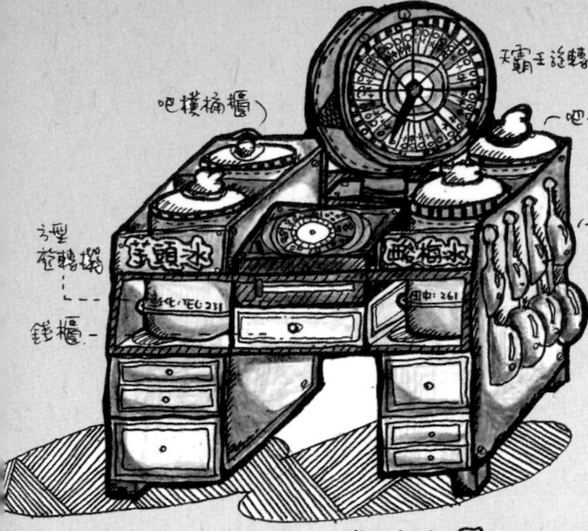

50年代叭噗車設計圖
David 2013.01.05.

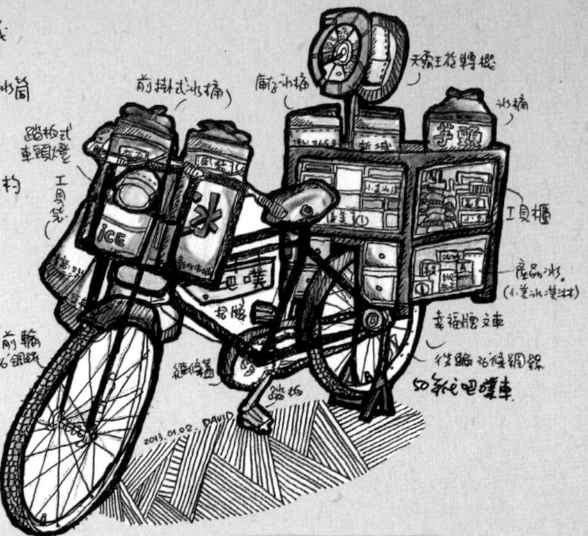

台北永康街的冰館，顛覆了傳統剉冰店的消費模式與冰果室既有的刻板印象，吃冰儼然成了最時尚的象徵。在這吃冰常會聽到許多不同國家的語言，共同的話題是訴說冰品如何的好吃，不但是國人夏天必到朝聖之處，也是外國遊客爭先嚐鮮之據點，生意相當興隆。

這正應驗了老台灣人常說的諺語：『第一賣冰，第二做醫生』的前兩名職業選項排行榜。

懷舊商展中剉冰店場景

初雪 HATUYKI 刨冰機

阿母ㄟ剉冰店。

【圖解剉冰店的型態與配置】

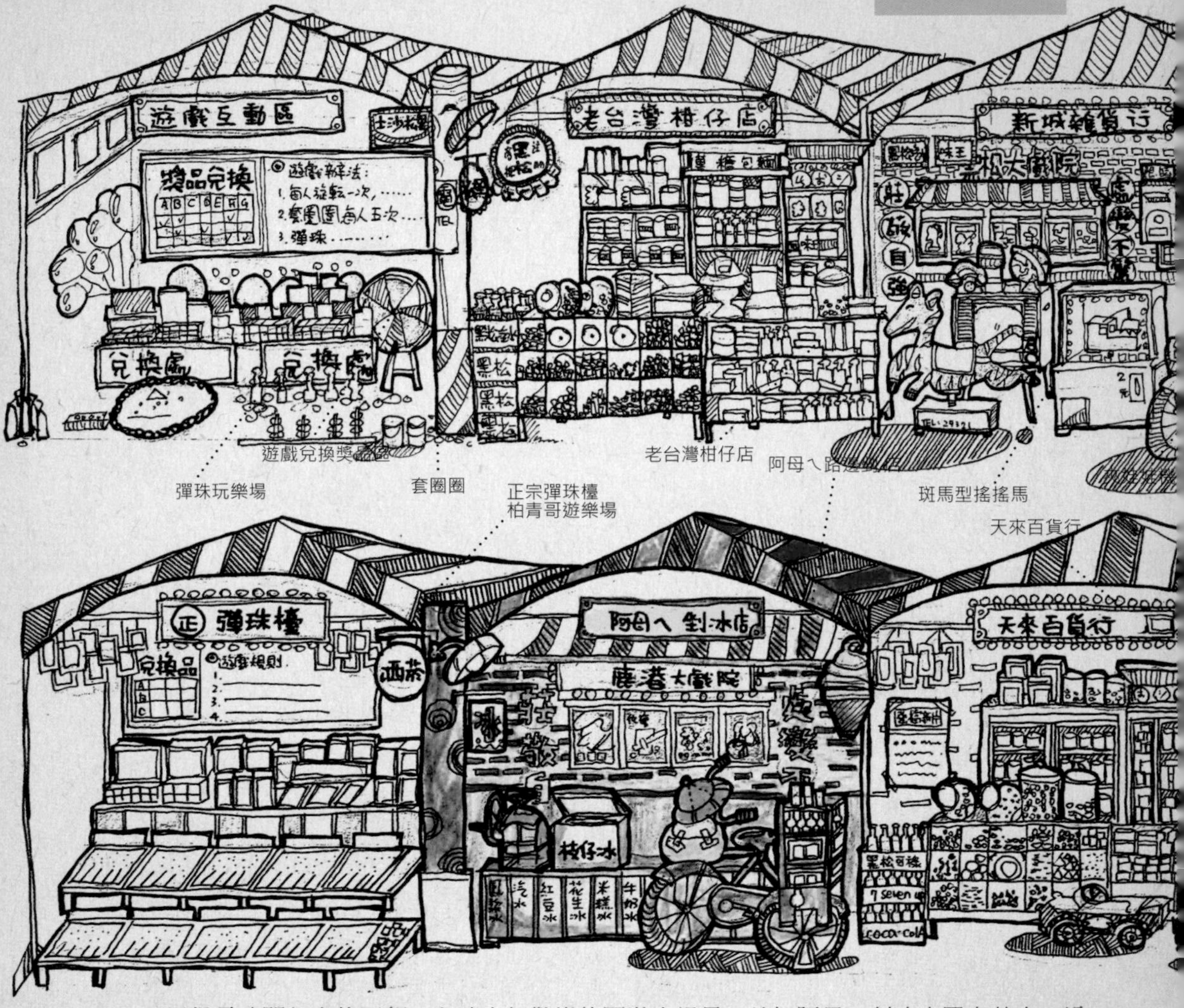

用很長時間努力的回想，兒時童年歡樂的園遊會場景，並把阿母ㄟ剉冰店置身其中，這樣的景象在現今的園遊會應該很難看到。記得還在幼稚園時期，有回阿母受邀到戶外型的工商聯誼會設攤，我隨著阿母的攤車參加活動。印象中現場很熱鬧，人潮非常多，用殘留於腦海的想像大略繪出幾個我最喜歡的攤位。其中先將阿母ㄟ剉冰店放置正中央成爲主角，配角的攤位場景有柑仔店、百貨行、彈珠台、獎品兌換區……嘴裡吃著母親所賣的綠豆冰，心裡想著隔壁攤的彈珠台及兌獎區的熱氣球與柑仔店的柑仔糖，小小的腦袋卻裝著極大的慾望，哈！或許這就是當小孩最重要的事吧！

喊玲瓏行動車

【剉冰店與冰果室】

台灣人諺語常說：第一賣冰，第二做醫生。意思是說，賣冰的營利比當醫生的賺得更多，用來形容賣冰的高額利潤。但在日治時期由於電力供應不穩定，製冰常須較穩定的電源，否則製冰過程若斷電，那就無法製成，所以那時的冰塊價格常一日多變，早上一斤三錢，下午五錢一斤，甚至八錢一斤。

台灣早期冰店由於冰品利潤豐厚，所以店家們競爭非常激烈，一條馬路出現十多家冰果室也不足爲奇。店家們爲搶顧客上門，紛紛使出殺手鐧，最常用也是最常見的一種，就是聘請穿著清涼服裝的辣妹駐檯，或是站在店前招攬生意，像極了現在的檳榔西施一般，後來甚至演變成加入特種行業服務，那時很多下班後的男生，最流行的活動就是冰果室吃剉冰……

後來國民政府爲了導正這股歪風，建立善良風俗習慣，於是規定凡是賣冰店家者，都必須申請特種營利事業許可證，以利相關單位查緝。或許是因當時負責的有關單位，實在弄不清楚「冰店」與「冰果室」的差別吧！

台製天鵝牌與日製初雪牌刨冰機。

幼年時，阮阿母ㄟ剉冰店。

簡單的生財器具，卻是一家人生活的依靠。

懷舊、復古、簡樸的剉冰攤。

剉冰店的文物故事。

【天霸王旋轉機】

通常這類型的天霸王旋轉機，是配置在叭噗車上後座的工具箱木檯上、當客人想要試試手氣時，即可派上用場。

在圓形的靶心中間先分成台東、台西、台南、台北等四區，依序分成十二生肖等十二格，每小格再區分四小格，共計 48 小格。48 小格中有 1 / 48 的機會轉中天霸王與地霸王，這種上上籤，叭噗車老闆會用像拳頭般那樣大的冰杓所挖出的冰球，夾給中籤的客人，天啊！那可能要花點時間來慢慢享用。（眞是幸運）

這種天霸王旋轉機，在市面上已不多見，個人特別喜愛轉盤中鮮豔的圖稿，並畫上台灣特有的水果圖樣，及象徵台灣人慣用的生肖圖騰。

【飛機旋轉台與過五關彈珠台】

這兩款機檯都是用來試手氣以機率大小博取冰球的多寡。飛機旋轉台（左上圖）以十二生肖及六種交通工具爲主畫面，並搭配 48 小格的數字列來區分所中籤的冰球數量。玩法：先將機檯側邊的撥桿向右卡住，此時機抬上方按鈕鐵片會彈出，按下紅色鐵片鈕，飛機指針便開始旋轉飛翔並發出噹噹噹......聲響，直到轉針停止，確認冰球數量。

過五關彈珠台（左下圖）以紅、黃、藍、黑、綠等五色圈代表五關關卡，若能將五顆鐵珠，各彈進不同色圈內，即代表通過五關，反之，其中一顆鐵珠重複進入相同色圈，就是失格。當然也有比較簡易式的博奕法，就是依照洞口下方的數字比大小即可。

【台灣叭噗車】

叭噗！叭噗！叭噗吧......噗。這個聲響應該是 5、6 年級生共同的記憶吧！尤其是在盛夏之際，那甜美的滋味實在讓人難以抗拒。在還沒有霜淇淋的年代，冰棒和叭噗是冰品界的天王，通常叭噗車所販售的產品也以這兩款爲主，伴隨叫賣車上的「天霸王旋轉機」與小朋友一決勝負賭大小，若是幸運時指針會停留在「大」，那就可以享用雙球或是特大號冰杓所挖出的大冰球，那眞是世上最美好的事物了。不小心指針轉到「小」......那就是倒楣鬼上身，只能哀求老闆多加些些啦！不管輸贏或大或小，能夠與死黨共舔一枝冰品那才是最快樂的童年時光啊！

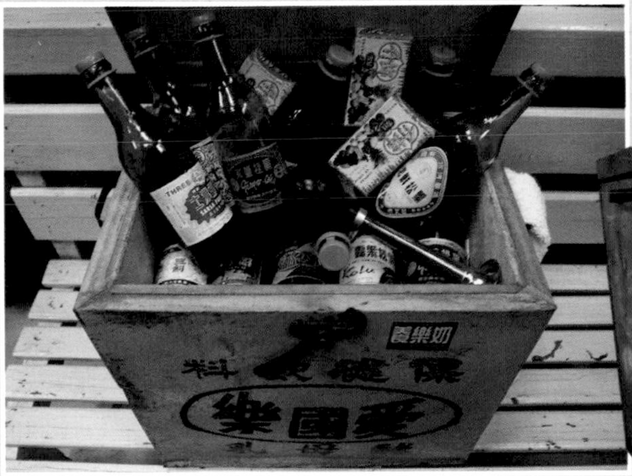

【愛國樂小冰箱】

這種小冰箱在老式的冰果室很常見，常用來冷凍汽水或牛奶等。也常在路邊攤式的剉冰攤看見，因爲臨時的路邊攤位沒有電源，老闆會先準備好大冰塊並加些冰水，將需冷藏的汽水、啤酒等飲料放進冰箱內以利冷凍，等待客人購買時再拿出來。購買外帶式冷飲時，爲了省掉退瓶時間，通常老闆會把飲料打開後放進塑膠袋內，再加一些剉冰和放一根吸管後，用塑膠繩綁起來邊走邊喝。上回去泰國和越南旅遊時，也常看見人手一包「塑膠袋汽水」，像極了我小時候看見的場景，眞是有趣。

【台中慶用 1 號刨冰機、天鵝牌刨冰機】

台灣早期的剉冰機則較為大些，高 60-70 公分、寬 30 公分左右，圖騰以飛機、天鵝、雙魚等較多。大都以鑄鐵方式打造，所以相當的沉重。其中「台中慶用 1 號」是台中人宋慶用先生所設計創造的，宋慶用先生在 1936 年創立「慶用機械工廠」專門生產剉冰機，當時更是台灣第一家剉冰製造工廠。

這兩部台製的剉冰機，現在雖然已經除役，但稍加整理即能使用，或許現在的冰店大都以電動刨冰機，取代手搖式剉冰機，但復古且粗礦的鑄鐵外觀，還是讓許多收藏家爭搶收藏。至今小吃店還是多見。

【初雪 HATUYUKI 刨冰機】

電影《藝伎回憶錄》，章子怡所飾演的小百合，在片中有一吃剉冰場景，就是用「初雪 HATUYUKI」所刨出的剉冰機。或許讀者下回觀賞此片時，可稍注意一下場景細節，該片所描述的時光背景，是指二次世界大戰時的日本京都，故推算這台刨冰機生產的年代為 1939-1945 年。

初雪 HATUYUKI 刨冰機，高 45 公分寬 20 公分，小巧精緻，圖騰為富士山並取名為「初雪」。因為刨出的綿密冰品有如日本富士山所下的第一層雪花般綿密細緻好吃。初雪刨冰機由日本人設計製造，整體外觀相當精緻美觀，與其說它是冰店的生財工具，其實更像是一件精巧的收藏藝術品。

上圖圖片來源：小基（新高町俱樂部工作室）

【叫賣式冰攤手推車】

記得小時候，還有一種有別於叭噗車的賣冰方式，是用手推車沿街叫賣，哪裡有客人就在那裡駐腳做生意，通常都在廟口、市集或夜市等較多人潮的地方出現。這類型的賣冰車會以 27 吋粗輪框做代步工具，並在車輪上訂製賣冰工作檯，檯面放上剉冰機、配料、小冰箱等生財器具，在攤車的手把握處，老闆會吊上二桶清水以利清洗冰碗，下方會放上木製的汽水回收箱，供空瓶回收放置的地方。這種手推車賣冰車是不提供坐位的，客人點好冰品後，需自己端著冰碗或蹲或站自行享用。從遠處聽見手搖鈴及老闆的吆喝聲，那是建築工地工人們的休息聲，表示午後休息時間已到，來碗清涼的剉冰吧！

【阿母ㄟ剉冰店】

民國 64 年，母親陳熟女士，在現在的新北市永和新生路上利用騎樓，並在騎樓上方搭個遮陽棚和幾項重要但簡單的生財器具，開始了賣剉冰的生意。很努力的收藏台灣早期剉冰店相關文物，想重新仿造一間阿母的店，用了好幾年的時間，一點一滴慢慢的拼湊，有了些粗略的路邊剉冰店形態。想像回到從前舊時光，蹲在牆角幫阿母洗碗的情景，雖然辛苦卻很快樂！依稀記著那個以板凳為桌，小四腳凳為椅的讀書環境，一邊寫功課一邊陪著阿母做生意的樣子，生活或許清苦但長者卻用親情，滋潤著小孩血液中每一顆欲盡孝的分子。

想念著母親——張大衛。

剉冰店夢幻收藏。

【黑松紙標瓶身飲料系列收藏】1950-1964

黑松公司於 1925 年，以進馨商會名號首創「富士牌」、「三手牌」生產彈珠汽水，成功踏出經營飲料的第一步。早期的空汽水瓶都需退瓶回收，清洗、消毒、殺菌後重複使用，由於瓶身上紙標，常須經過冰塊冰鎮使汽水更為清涼，但紙標經過浸泡後保存不易，能夠保留至今的紙標空瓶實屬不易。

【瓶蓋黑松鐵牌】

民國 47 年開始使用懸掛於商店門口的黑松琺瑯招牌。民國 50-60 年代 (1955-1971 年)，黑松公司為迎接「瓶裝飲料時代」的來臨，特以「王冠」瓶蓋圖案為商標構成圖，直接表達了立足飲料界的不變決心，並增強消費者「飲用」的認知度。這時期，黑松飲料的瓶蓋是其商標。

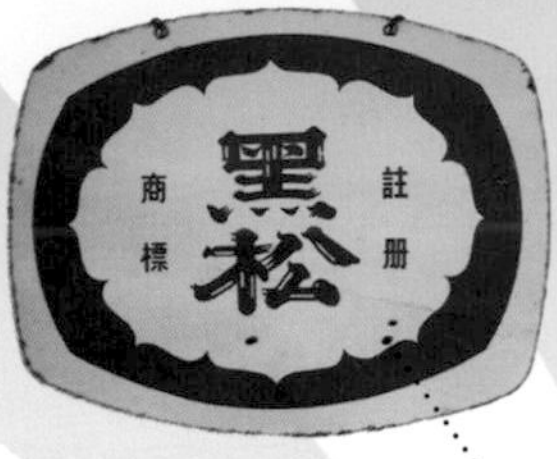

70 年代盾型黑松商標鐵牌

黑松環保袋

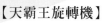

1931 黑松汽水上市，開始使用「黑松」商標。

1950 年黑松沙士上市。

【日治時期彈珠汽水】

日本人在 1976 年利用檸檬水加入二氧化碳，再裝入瓶身上有顆彈珠的瓶身，成了暢銷飲料「彈珠汽水」。由於口味清涼爽口，很受消費者喜歡。二次大戰期間甚至在日本軍艦上都有專門生產彈珠汽水的設備。日治期間這種彈珠汽水由日本傳入台灣。

【天霸王旋轉機】

木製外殼款

鐵製外殼款

【榮冠果樂】

榮冠飲料是美國的品牌，甚至是用美國的原料來製造可樂。果樂，就是可樂之意。當年的「可樂」二字，已被可口可樂先行註冊，所以用中文「果樂」代替。

榮冠是退輔會的台北飲料工場製造的，算是退輔會與美商的合作，早期台灣因美軍駐台，在台灣的美軍愛喝 RC COLA，故此一時間台灣有售「榮冠果樂」。

【仙桃牌鮮泡汽水】

在還沒有水果口味汽水上市前，所有汽水廠所生產的汽水大都是以「鮮泡汽水」居多，或許是延用彈珠汽水的原料改製成瓶蓋裝有關，後期的新品研發成功，口味也就多變，大都是水果口味。如椪柑汽水、檸檬汽水、葡萄汽水、芭樂汁等。

【養樂多】

民國 53 年台灣開始販售由日本京都帝國大學醫學博士 代田 稔所發明生產的『養樂多』。當時以養樂多媽媽騎著養樂多車為主要販售方式。當年的包裝方式還是玻璃瓶身，直到民國 60 年實行容器改革，推出ＰＳ塑膠瓶，為國內飲料界的革命性創舉。

【台灣啤酒】

是台灣最受歡迎的啤酒之一，最早在日治時期 1920 年台北廠的「高砂賣酒株式會社」首釀，原名「高砂麥酒」。台灣光復後改名為「台灣啤酒」。

【剉冰攤檜木展示櫃】1960-1970

這類型的檜木展示櫃，大都使用在路邊攤的剉冰攤，上方有兩扇玻璃門及條狀陳板，方便老闆陳放水果、配料及大冰塊，下方的底座則是半空心的木條狀，方便讓冰塊水順流而下，以免櫃內積水，由於使用檜木製作，即使經過近 60 年之久依然堪用。

剉冰店手繪圖教學。

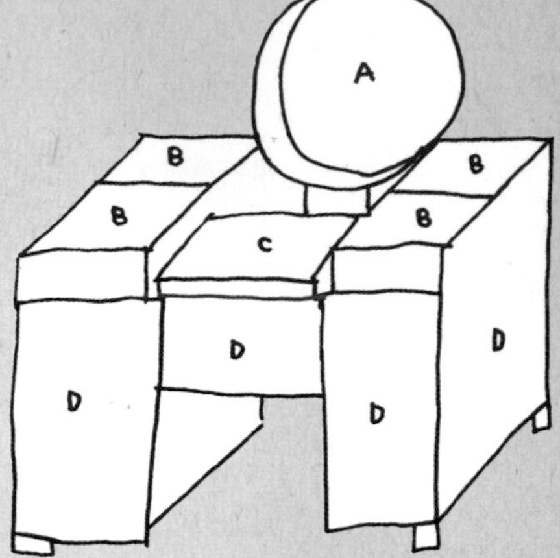

[step 1] 步驟一

1. 先用 HB 鉛筆繪出立體長方形，並將叭噗車上的櫃位區分為 A、B、C、D 區。
2. A 天霸王旋轉機、B 叭噗冰桶陳列區、C 方形飛機旋轉機檯、D 叭噗車貨架陳列櫃。
3. 準備細部繪圖。

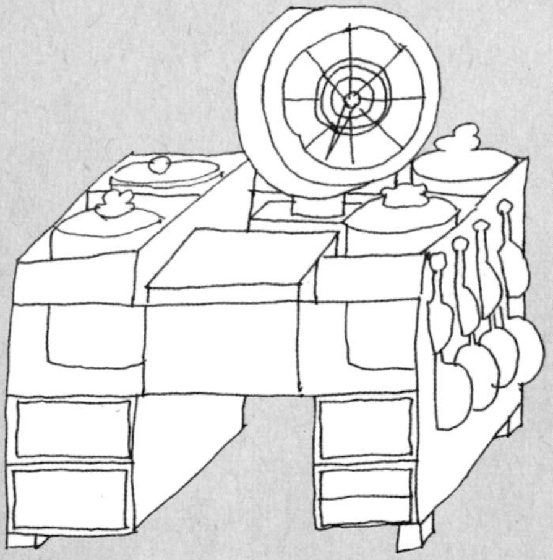

[step 2] 步驟二

1. 粗略的細分各部分產品圖形。
2. 天霸王旋轉機立體化繪製。
3. 櫃位右側將冰杓畫出形體圖樣。
4. 冰桶具體圖樣線畫出。
5. 下方櫃位的抽屜畫出線條

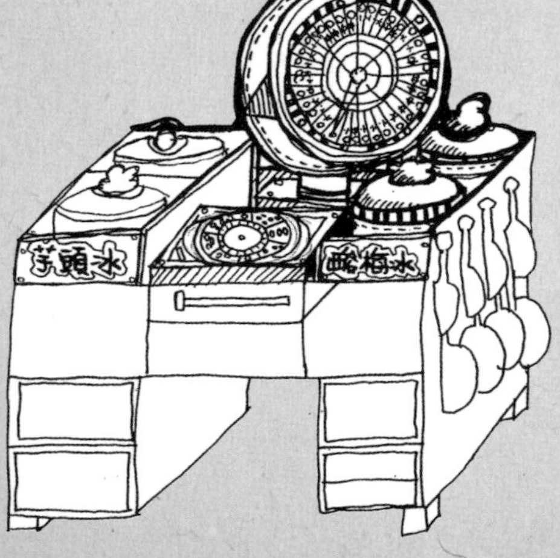

[step 3] 步驟三

1. 針對櫃位上部分做細部精緻化繪圖。
2. 天霸王旋轉機精緻繪製，繪圖時需注意格線的區分與尺寸的分配。
3. 方形飛機旋轉機檯繪製，並立體化繪圖標出陰影線。
4. 冰桶細部繪製。

[step4] 步驟四

1. 第二階段細部繪製工程進度。
2. 將正式圖中的上方櫃位細部繪製，並標注及書寫左邊的芋頭冰與右邊的酸梅冰等小招牌。
3. 將前方的冰桶立體化繪製，並繪出陰影處以示立體感。

[step5] 步驟五

1. 將整座的叭噗工作檯外框用 0.5 粗針筆描繪及加深粗線條。
2. 繪製主體架構構圖的陰影面。
3. 針對細部的商品原件做立體感繪製，並標示出陰影線條。

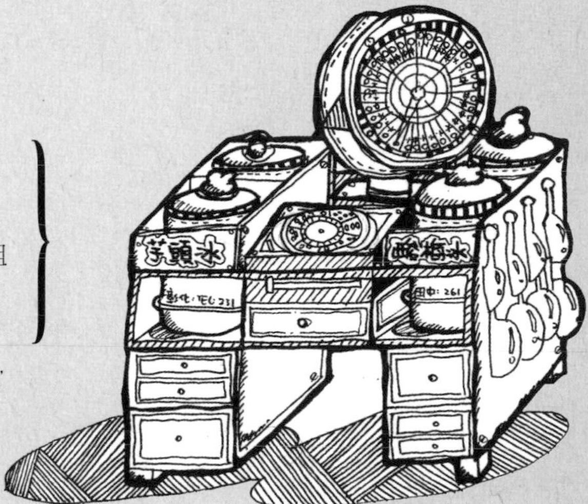

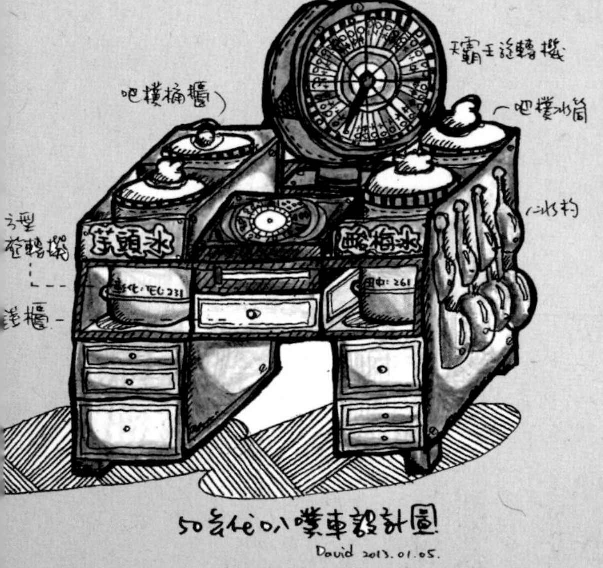

[step6] 步驟六

1. 上色工程繪製。
2. 使用色鉛筆上色工程需注意重複上色，使其深淺色階不同以形成光影的效果。
3. 在細部色鉛筆著色部分需輕柔繪製，以呈現精緻度。

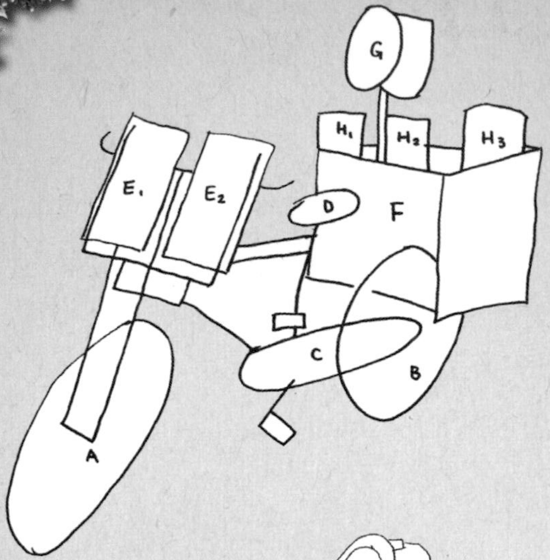

[step 1] 步驟一

1. 將叭噗車的粗略外型依照比例先行用 HB 鉛筆描繪並區分產品，類別爲 A 前輪區、B 後輪區、C 鏈條蓋、D 坐墊、E 前置冰桶、F 工具檯組、G 天霸王旋轉機、H 後置冰桶。
2. 依商品大小略放於叭噗車相關位置。

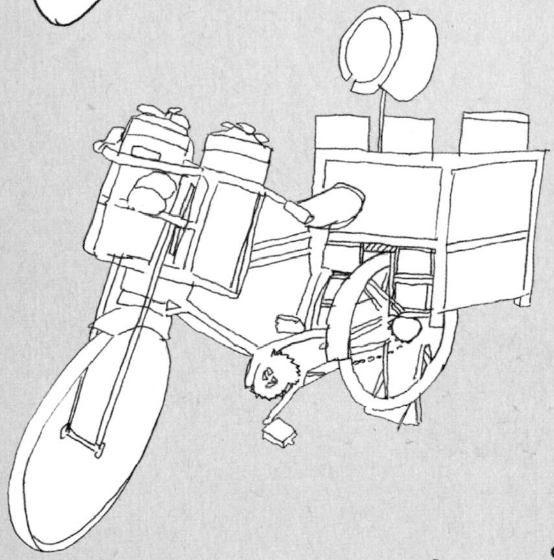

[step 2] 步驟二

1. 叭噗車立體化繪製工程。
2. 將各部分的商品群，以立體形式呈現，繪製成具立體感的圖像。
3. 依照商品比例大小配置在原有的位置，若大小有差異，可稍作調整。
4. 細緻畫工程預備。

[step 3] 步驟三

1. 細緻畫工程，先將自行車架及前置冰桶區和前輪區等開始繪製。
2. 前置冰桶區及前輪區屬較精緻的筆觸，在使用 0.1 及 0.3 針筆繪製時需特別專心。

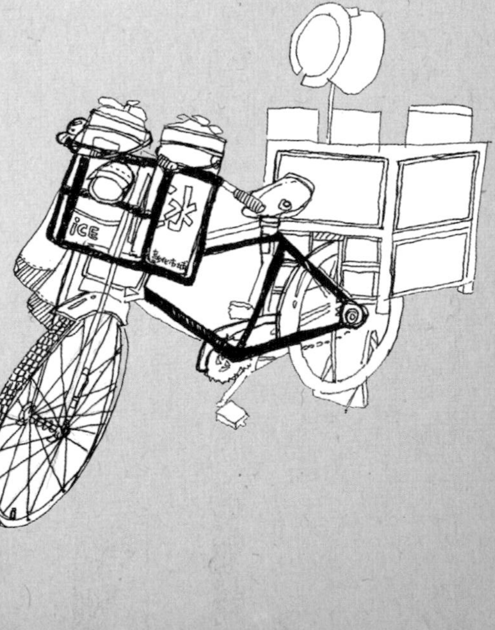

[step4] 步驟四

1. 第二階段細緻畫工程，先將天霸王旋轉機及工具櫃組和後輪組等屬叭噗車後半身的配置開始繪製。
2. 工具櫃組內的冰品繪製更爲細膩，需用較多的時間及耐心繪製，並注意商品陳列的層次感。
3. 天霸王旋轉機及冰桶等相關商品繪製。

[step5] 步驟五

1. 整體叭噗車外觀及細部商品皆已描繪完成。
2. 用 0.5 針筆將全圖外框加粗黑線以呈現臨場感，並於車台下方以 0.1 的針筆直線繪出光影所呈現的陰影效果。

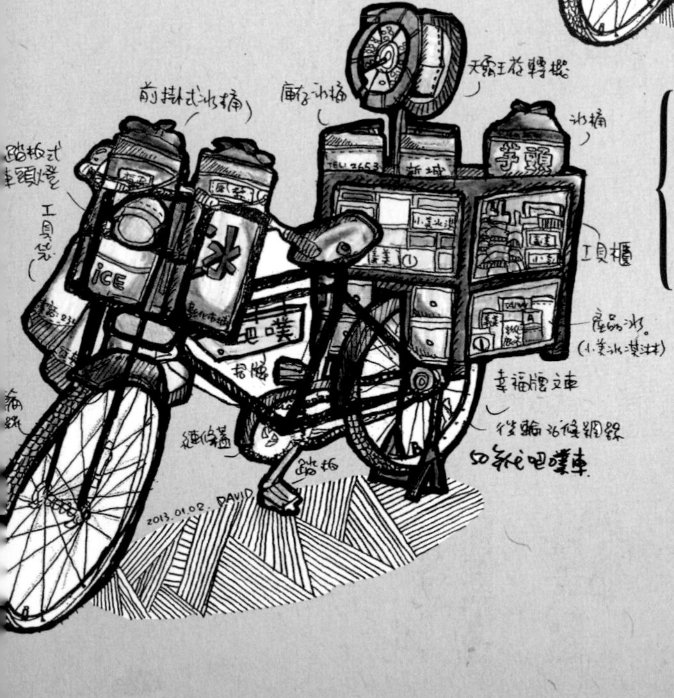

[step6] 步驟六

1. 著色工程繪製。
2. 用色鉛筆開始著色工程繪製，注意光源照射的位置，陰影處需重複繪製上色，以加深光源照射不到之處，而形成立體感。
3. 標示語書寫，營造出寫眞生活化的感覺。

居間

眷村老客廳

竹籬笆外的春天。

蕃薯與芋頭的年代

1949年。那一年國民政府撤軍來臺，為了安頓六十萬大軍及其家眷，於是在全省部份區域辦理了集合式住宅，這種群居模式，就是臺灣早期眷村的由來。

由於省籍情結，大人們常將臺灣人與外省人區隔並劃清界線，連帶著小孩們的遊戲也被迫區分不同黨派。還好時間是化解仇恨的黏着劑，食物更是不分族群共同的話題，巷口老張牛肉麵，市場內的臺灣蚵仔煎，三輪車叫賣的山東大饅頭，手推車裡的蚵仔麵線……不同的美食文化，相同味蕾一樣的好味道。小孩們也在跳房子，打彈珠及互舔同一支冰棒中，建立深厚的友誼。

二姑丈是隨政府撤軍來臺的阿兵哥，特別疼愛小時候的自己，喜歡翻開老相簿，指著泛黃相片中的場景，訴說當年奮勇的抗戰故事，時而淚盈滿眶，想念著孤苦無依的老母親。

1987年開放大陸探親，二姑丈終於可以在有生之年，見見烽火下遺留的家人，並細細品味家鄉泥土與童年的足跡。

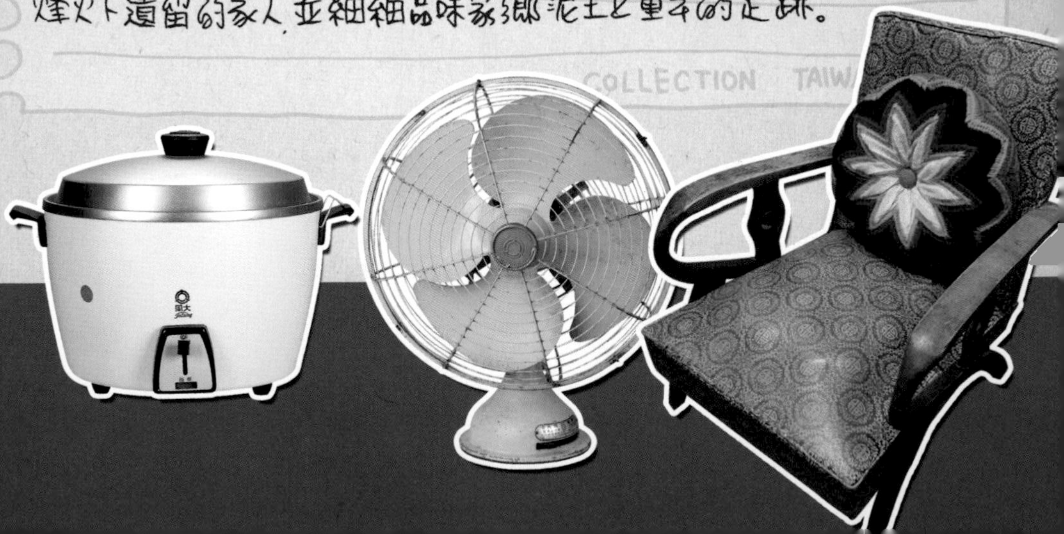

普普風老客廳
2013.03.06 David.

DATE/　　NO/

50年代擁有電視的家庭不多，眷村的娛樂以活動中心外的簡易式籃球場最屬熱門，不僅是打籃球專用，更是羽球場、足球場等共同場地。到了週末假日，拉起白底紅框的大布幕，就變成露天蚊子電影院。眷村裡的婚喪喜慶宴客場所也是這籃球場主要用途。1970年代台灣喪失國際奧會會籍，瓊斯盃籃球賽成了台灣籃壇與國際交流重要窗口，或許眷村籃球風行也成了台灣瓊斯盃籃球國手的搖籃。

台北信義區四四南村

四四南村連棟房舍

眷村老客廳。

【圖解台灣老客廳的型態與配置】

就愛這種溫馨氛圍的小客廳，小木馬、普普風的衣帽架、牛奶燈、老電視、老掛鐘以及粗獷單色膠皮的綠沙發，是否感覺特別溫馨呢？

喝著老茶看著黑白電視，這就是老爸下班後的歡樂時光，我總愛騎著小木馬趁機向老爸撒嬌一下。最愛在放學後，看見髮根稍白的老爸，給他最用力的擁抱，讓他感受到我對他最深的愛。

檜木老掛鐘

【幸福、甜蜜、老客廳】

收藏一間民國 60 年代台灣老客廳，是自己用情最深的收藏之一。回想童年的夜晚，全家窩在 5 坪內的老客廳， 天南地北話家常。綠色膠皮老沙發像是客廳的主角，佇立在客廳最中間的位置。喜歡躺臥沙發上看著諸葛四郎大戰魔鬼黨，大姊吃著白雪公主泡泡糖坐搖著木馬，母親看著高腳電視裡的《晶晶》連續劇，期待熟悉的機車聲響經過，那是老爸回家吃晚飯的代號。60 年代的生活簡單純樸，沒有網際網路高科技，卻有收音機及老電視的陪伴，夏季裡吹著大同電扇所帶來著涼風，勝過現代冷氣的舒爽。

我家的客廳還有一種特殊功能（標會場所）。互助會是當會首的母親重要工作之一，母親目不識丁就連書寫大名都有些困難，但對於金錢數字卻也能精算準確，那種收會錢的工作，常常就是我小學三年級額外的課業。

客廳還有一種我比較不喜歡的功能（打小孩場所）。幼年頑皮犯錯，母親會用掃帚的細枝綁成竹棍做成家法，對著瘦瘦的但屁股有肉的大衛施以竹筍炒肉絲大法。

大同立地式電風扇

兒童小木馬

王子牌鐵皮三輪車

世界上最幸福的小孩。

沙發、電視、小木馬，構成客廳的元素。

幸福快樂的童年──小偉士牌機車。

台灣早期眷村老客廳的模樣。

老客廳的文物故事。

【客廳牆上的老時鐘】

滴噠滴噠聲響，在寧靜的午後顯得特別大聲。那是一種等待，也是一種期盼，老媽媽很常注意牆上長短針的變化，像是擔心時間靜止不動，孩兒不回家的擔憂，直到全家人到齊才停止持續注意時鐘的擺動。

日本製木框時鐘與圓型精工 SEIKO 時鐘，很常出現在早期台灣家庭的客廳，到了 1970 太空年代大量的普普風幾何圖襯底造型時鐘出現後，稍稍改變了客廳掛鐘樣式，再來就是廠商贈送的掛鐘也很常出現在老客廳的牆面上。

精工牌檜木時鐘

【手動式萬年曆】

很有趣的台式萬年曆，將風景圖與年曆結合為一，再加上很台味的木質畫框，真是一幅美麗的山水萬年曆。

在木框兩側各有一個旋轉扭，方便每天更改日期及每月的月份數字變動，通常這類型的萬年曆，除了掛在客廳牆上，也很常用來餽贈新開幕的店家或公司，並在年曆上方書寫祝賀語及下方「鴻圖大展」字樣。

【牛奶燈】

牛奶燈緣起於日治時期的家庭燈飾商品。因當時燈飾商品大都只有單一乳白色，色澤極像牛奶，收藏家們也因這個緣由統稱為牛奶燈。

牛奶燈的製造過程，是先將生料（製造玻璃的原料）－經由燃料油溶解後－製成玻璃膏，再將玻璃膏由人工吹製成不同形狀的牛奶燈。早期牛奶燈因以人工吹製而成，外觀很難有百分百的正圓型或完全平整的燈罩切口，有時因空氣尚未排出，冷卻後會造成些許氣泡形成，這種擁有些許氣泡的燈具，更是收藏家眼中的夢幻逸品。

【電視／沙發／衣物架】

老電視與綠色膠皮沙發形成客廳的主要元素。電視上一定會放上該品牌的企業玩偶及室內電視天線，如果是眷村家庭會再加上一面小國旗和地球儀來代表愛國的情操。

假日的早晨，老爸爸會泡杯熱茶坐在沙發上看報紙，那是腦海中對老父親殘留的溫馨印象，老沙發依舊靜靜等著主人的坐躺，可惜僅見孩孫於客廳跑跳，不見老主人熟悉的身影。

【普普風】

1960 年代英國普普風藝術席捲全球，老台灣客廳的抱枕、牆上的壁紙、門外的鐵捲門，也跟著這股藝術風潮廣泛應用。

普普風緣起於一群熱愛藝術文化的青年，將原本簡單的幾何圖型搭配超艷麗的顏色並連續組合成美學圖騰，並將這樣的圖騰融入在日常生活中，常見的普普風商品例如：抱枕、塑膠家具、時鐘、服飾、壁紙、燈飾等，2009 年台北曾舉辦過普普教父 ANDY WARHOL（安迪．沃荷）世界巡迴展，當時吸引全台相當多熱愛普普藝術者前往朝聖。藝術家很少像安迪．沃荷這樣，是從捷克移民的勞動階級第二代，並在美國紐約發功發熱，當年他只有 32 歲。

【廣播收音機執照】

收聽廣播，現在聽起來是再平凡不過的娛樂，但在民國 40-50 年代可就不容易。思想控制是當時政府對人民重要的工作之一，尤其兩岸正處於嚴重敵對狀態下，要是收聽匪俄電台，那很可能被警備總司令部請去吃牢飯。當年收聽收音機是需申請執照的，執照背面需載明持有人姓名、購買地點、廠牌等，有效期間只維持一年，年限到後需再提出相關申請，要是不小心執照遺失，機器故障時恐就無店家敢維修了。直到民國 58 年電視開始走入家庭時，娛樂方式改變，這種洗腦的工具，才慢慢退出。

【大同家電】

「大同大同國貨好，大同產品最可靠，大同冰箱電視機，大同產品人人愛，品質優秀最老牌，大同大同國貨好，大同產品最可靠」。這首家喻戶曉的廣告歌深植人心，再加上大同寶寶的企業玩偶籠絡孩童，大同家電的確是早期的台灣家電市場的龍頭。這具有理想性的品牌名稱「大同」，應該是源自於世界大同之意。大同產品眾多，其中電鍋更是出國學子或來台外勞返鄉必備的台灣之光。

若您仔細觀看大同圓形商標內圈，其實是個「志」字，那正是代表創辦人林尚志先生。

【客廳前的兒童座騎】

民國 50-60 年代出生的小朋友，人生的第一部座騎，大都是木製的「搖搖小木馬」，等到學會走路後，家境優渥的兒童會有第 2 部座騎「鐵皮小偉士牌機車」或「王子牌兒童三輪車」，甚至更高階的「四輪鐵皮腳踏車」。

童年時期張大衛的座騎是以「借騎」爲主，購買兒童座騎對父親而言是一種沉重的負擔，或許是成熟吧！自幼也明白家中經濟不優的處境。觀賞與借騎成了我對童年時期兒童座騎的印象，由於懷舊設計工作所需及補償心態，現今的我卻收藏了 8 部不同款式的鐵皮兒童座騎。（驚）

老客廳夢幻收藏。

【三菱洗衣機】

1930 年日本製造出第一台洗衣機，但因售價昂貴無法普及。當時並無離心式脫水功能設計，衣物洗淨後需用兩根滾軸夾住衣物把水擠出來，有點像夜市賣烤魷魚片把烤物壓平的兩根滾軸那樣，由於採用旋轉把手後滾軸滾動構造，需要相當力氣，這種滾軸式脫水設計，使用長達 30 年之久之後，才改為離心式脫水機。

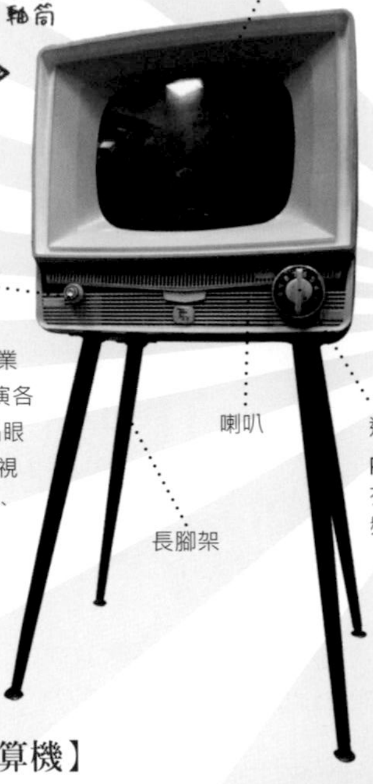

【台視一號電視機】

民國 51 年 10 月 10 日，在蔣夫人宋美齡女士的剪綵按鈕下，台灣第一家民營商業無線電視台 - 台視正式開播，每天播映五小時，開啟了台灣電視史的新紀元，扮演各項政治、文化、社會及經濟方面的重要角色。「台視一號」是懷舊收藏家電器產品眼中的夢幻逸品。很有老味及普普風的美感，最重要的是出自於台灣本土品牌 - 台視 TTV。「台視一號」生產於民國 51 年，當時委託製作的合作廠商有三家：日本東芝、日本日立 HITACHI、NEC，都是日本公司製造，如果看過日本電影《幸福的三丁目》，其中「電視來我家」的橋段即有出現這台電視．機型 14T-511 型。電視機下方正中心，有明顯的「TTV」台視商標，這台擁有高腳的台視一號 14 吋電視機，為日本東芝大廠與台灣電視公司合作生產製造。

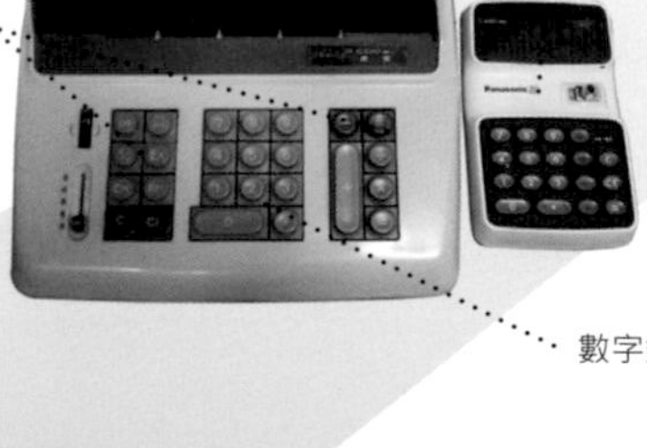

【桌上型電子計算機】

世界上第一部全電子化桌上型計算器是英國人研發的。用 177 個微行閘流管及數字管來顯示數字。民國 52 年佛萊登計算機公司發表 EC-130 型計算器，此款計算器是全電晶體設計，搭配 5 吋大的顯示器。當時售價 2,200 美元。後來隨著積體電路和微處理器的發明，笨重的計算機才逐漸變得輕薄小巧。早期的桌上型計算功能及按鍵較簡單，除數字外僅有加減乘除等四樣功能。

【大同寶寶】

民國 7 年建廠的大同公司，在早期的大同是與日本 TOSIHBA 中日合作，一直到民國 58 年，大同脫離與日本合作，完全台資，並開始生產第一隻大同寶寶 (51 號 =51 週年廠慶)。但並非每個週年廠慶都出，其中的 56 號、65 號、66 號，因當時世界能源危機，全球經濟不景氣之故，當時的大同公司並未生產大同寶寶，其中最值 得一提的是第一隻 51 號大同寶寶原是「閉起眼睛」，但因當初的相關主管並未喜愛而改成現在這種張開眼的，據說這隻閉眼沉思的 51 大同寶寶叫價 30-40 萬。其次 64 與 67 號因生產的數量稀少，所以特別珍貴。

【台視電視 14T-613 型】

日立 HITACHI 與台視合作所生產的另一種機型，在日本是由「東正堂電器股份有限公司」總經銷，在台灣販售時機身左上角有「TTV」台視的商標。當時的廣告標語為：性能優越 . 感度高強 . 影像鮮明 . 聲音清晰 . 式樣新穎 . 價格低廉 . 使用方便 . 調節簡易 . 負責保養 . 免費修理 . 現金售價 NT$ 4,660 元。其中的廣告詞，館主都沒有異議，但唯獨「價格低廉」一詞，有不同的看法，因聽去世的老爸說，民國53年時，他當木匠師傅的工資每月約 1,400-1,600 元，也就說當時我們家要買電視需 3 個月不吃不喝，一直到小學約 2 年級民國 (民國 66 年) 家中才有第一台電視。

【膠皮老沙發】

「沙發」是英文 sofa 的譯音，是指一種內有彈簧襯墊的靠椅。台灣製的綠皮沙發特別經典，通常在膠皮上印有福、祿、壽等不同字樣，讓台式沙發更具福相。傳說中沙發是一位印度木匠所發明的，當時的貴族中有人因腦血栓導致半身不遂，於是命工匠設計出在木架椅上釘上布料，再將布料或棉絮之物填入其中，讓病人坐起來輕鬆舒服。日子久了，也廣泛用於平民家庭，甚至風行全世界。

老客廳手繪圖教學。

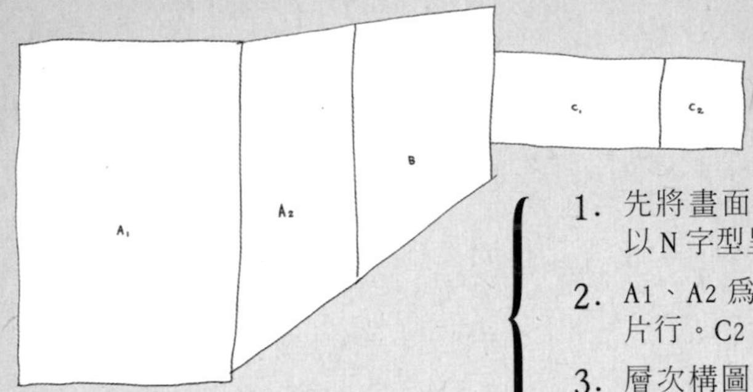

[step 1] 步驟一

1. 先將畫面劃分爲 A1、A2、B、C1、C2 等區塊，並以 N 字型呈現前後層次，讓整體畫面有前後之分。
2. A1、A2 爲牛肉麵館區。B 爲街景用餐區。C1 爲唱片行。C2 爲醬菜車。
3. 層次構圖：A1 爲前景。A2、B 爲中景。C1、C2 爲後景。
4. 區塊構圖先以鉛筆輕柔描繪，以利繪圖後多餘筆觸擦拭。

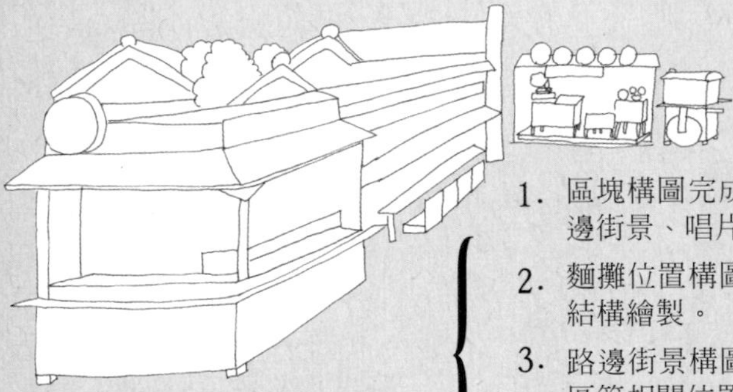

1. 區塊構圖完成後，依大小比例原則，把麵攤位置、路邊街景、唱片行、醬菜車等圖像，繪入預留構圖中。
2. 麵攤位置構圖：招牌、屋簷、攤位前面板及相關主體結構繪製。
3. 路邊街景構圖：圍牆、鄰家屋簷、電線杆、路邊座位區等相關位置繪製。
4. 唱片行、醬菜車構圖：因屬後景部分，需注意比例不應過大。

[step 2] 步驟二

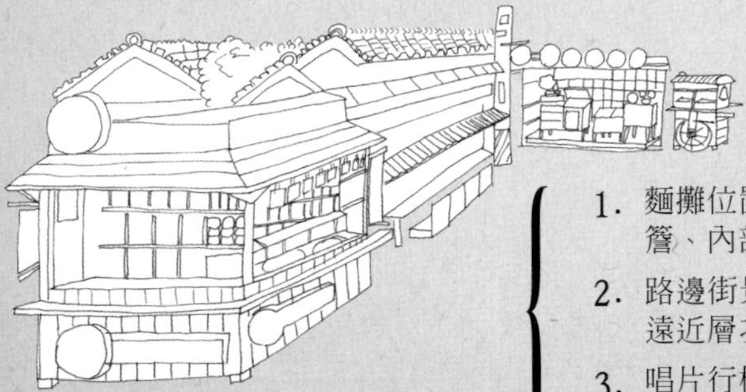

[step 3] 步驟三

1. 麵攤位置構圖：將上下招牌、攤位屋簷、鄰家屋簷、內部碗盤陳列區等繪出具體圖像。
2. 路邊街景構圖：鄰家屋簷間有樹、屋瓦等需注意遠近層次分配，電線杆上相關零件配置圖繪入。
3. 唱片行構圖：留聲機、電唱機、唱片櫃、電視機、圓形招牌等，相關位置繪製。
4. 醬菜車構圖：攤車屋簷、輪胎比例配置繪製。

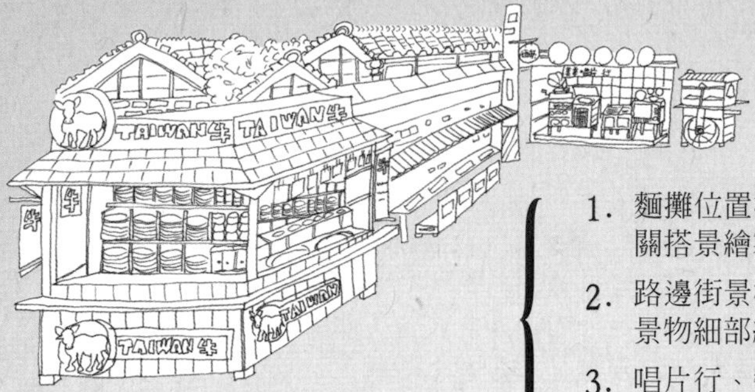

[step4] 步驟四

1. 麵攤位置構圖：招牌內部構圖繪製、餐盤繪製、相關搭景繪製完成。
2. 路邊街景構圖：座位區、圍牆景物、電線杆等相關景物細部繪製。
3. 唱片行、醬菜車構圖：將內部相關元素，以較細緻的筆觸繪製細節部位。
4. 細部構圖完成後，將多餘的粗線筆觸輕輕擦拭，留下完整圖像。

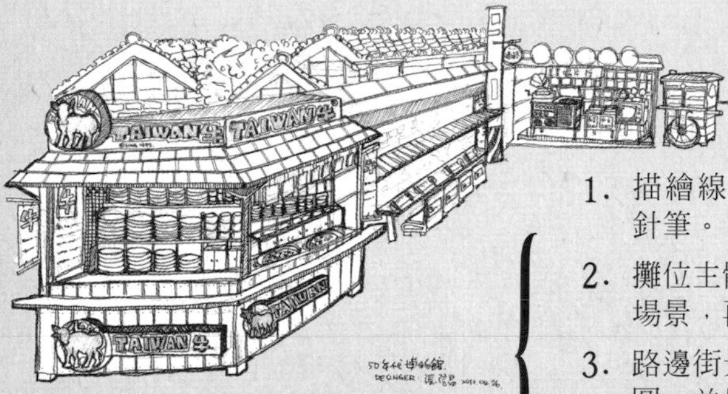

[step5] 步驟五

1. 描繪線條加強，使用工具建議使用 0.5 及 0.1mm 針筆。
2. 攤位主體結構描繪使用 0.5mm 針筆，以利增強結構場景，再以 0.1 針筆繪製碗盤等細部構圖。
3. 路邊街景屬中場景，注意與前景的攤位比例大小構圖，並以針筆繪製先前的鉛筆線條。
4. 後景圖繪製：唱片行、醬菜車，由於景物縮小，需注意筆觸勿重疊繪製，以免線條糊掉變成小黑塊。

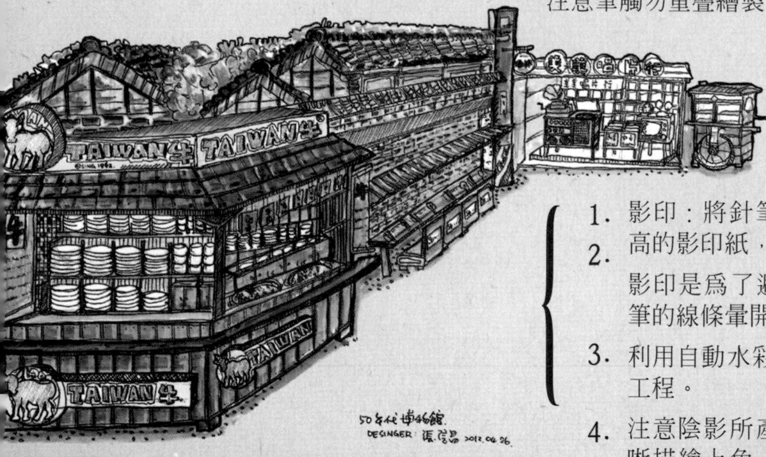

[step6] 步驟六

1. 影印：將針筆繪製完成的手繪稿，以磅數高的影印紙，用影印機印出。
2. 影印是爲了避免使用水性彩筆時，水性針筆的線條暈開，造成紙張污穢。
3. 利用自動水彩筆及 18 色水彩顏料開始上色工程。
4. 注意陰影所產生的層次感，前景圖可較清晰描繪上色，至於後景圖以單色且較淡的色系繪製即可。
5. 水彩上色會將先前的原圖線條略微蓋住，待水彩乾後，再以針筆補強不足之處。

[step 1] 步驟一

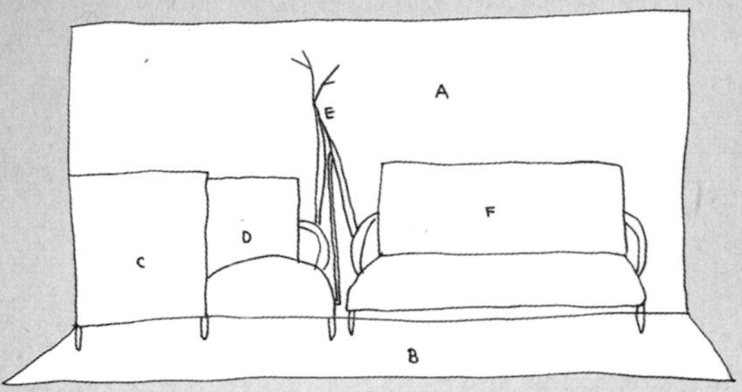

1. 先用 HB 鉛筆將畫面以 L 字型上下展開，並區分爲 A、B 兩區。
2. 預留陳設商品配置區塊：C 電視機、D 單人座老沙發、E 吊衣架、F 雙人座老沙發。
3. 簡略的繪製相關物件的形體，按照商品物件的比例原則，繪製大約的形態。
4. 粗略配置完成。

[step 2] 步驟二

1. 電視機：機台上有天線、SONY 寶寶、地球儀等相關物件，並繪製電視機相關粗略的線條。
2. 單人座老沙發：老沙發上有個抱枕，將抱枕、沙發椅墊、扶手、腳座繪製完成。
3. 吊衣架：衣架上配置紳士帽一頂，將帽子繪製完成。
4. 雙人座老沙發及兒童木馬繪製完成粗略圖型。

[step 3] 步驟三

1. G 圖：老相框區群陳放於牆面上的粗略配置圖繪製。
2. H 圖：日治時期牛奶燈位置粗略繪製。
3. I 圖：手動式日曆位置框粗略繪製。
4. J 圖：日曆位置粗略繪製。
5. K 圖：老鐘位置粗略圖繪製。

[step4] 步驟四

1. 將各個商品細部繪製，並完成主體配置的相關層次位置圖。
2. 將天花板、地板利用線條加強表現，地板繪製成地毯，天花板有吊燈，搭配沙發及牆面，讓構圖呈現立體感。
3. 使用 0.5 針筆繪製外框線條，以 0.1 針筆繪製各商品細部圖像。
4. 完成整體構圖，進行影印。

[step5] 步驟五

1. 將影印好的原圖，進行水彩上色工程。
2. 水彩上色時，先以淺色打底，待第一層乾後再進行區域色層加強，讓單一色塊附有層次及陰影感。
3. 各部位商品上色，應以大區塊開始上色，細部零件部位次之。
4. 待主體構圖完成後，於外框以淡灰色作色塊延伸，使其畫面增加立體感。

[step6] 步驟六

1. 不同的牆面表現方法：以普普風的壁紙作爲牆面，並增加老時鐘及立地式電扇。
2. 普普風壁紙上色工程：先用較淡的色系將牆面暈開繪製，再以較深的色澤表現壁紙細部外框部分。
3. 兩種不同的牆面表現，以顯示老客廳不同氛圍的場景，卻有相同的豐富感。

おもちゃ

兒童玩具大展

尋找兒時純真的童趣。

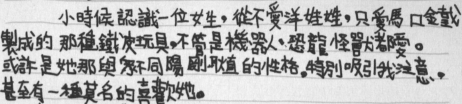

作文題目：我喜歡的人物　　DATE / /

小時候認識一位女生，從不愛洋娃娃，只愛馬口鐵製成的那種鐵皮玩具，不管是機器人、恐龍怪獸都愛。或許是她那與眾不同陽剛耿直的性格，特別吸引我注意，甚至有一種莫名的喜歡她。

在一次戶外體育課上，特別跑到她身旁聊天，她說如果可能我想收集100隻機器人、50隻恐龍和50隻怪獸，然後再補上一句：『我討厭跑步很慢的男生』……

多年後她的夢想卻被我實現，只是她一直不知道自從認識她開始的第一天，我已經開始收藏她所說的相關類別的鐵皮玩具。喜歡她更勝於鐵皮玩具我想。

頂溪國小三年二班／張大衛

以下是作文老師給我的評語：

文筆尚可，情節描述動人，可惜文不對題！

請看清題目作答：我喜歡的『大人物』

COLLECTION WAN

DATE/ NO/

收藏玩具為的不只是懷舊，更是尋找兒時那份純真的童趣。大衛小時候的玩具，大部份都在柑仔店購買，記得小學三年級時，媽媽為了貼補家用，除了白天清道夫的工作，還要上電子公司的小夜班【台灣經濟起飛的年代】，於是在上課的前一天晚上，會發給小孩明早的早餐費用，六年級的大姐10元，四年級的哥哥和大衛都是5元，貪玩的大衛，當然不會全拿來購買早餐，通常我的5元分配如下：麵線糊2元＋貢丸1元，其餘2塊錢，用來買陀螺、彈珠或尪仔標，於是早晨的升旗典禮，我很常暈倒……『營養不良』

COLLECTION TAIWAN

騎馬打仗歡樂度童年。

【圖解玩具收藏型態與配置】

玩具，在史前時代就已出現，在考古工作中發現過代表孩童、動物和士兵的玩偶和模仿大人勞動工具的小玩具。玩具材質在台灣早期大都以木作爲主，木馬、木車、積木等，50-60 年代開始出現馬口鐵材質的鐵皮玩具，但由於馬口鐵表皮邊緣易刮傷孩童，70 年代大都改以塑膠製成居多。

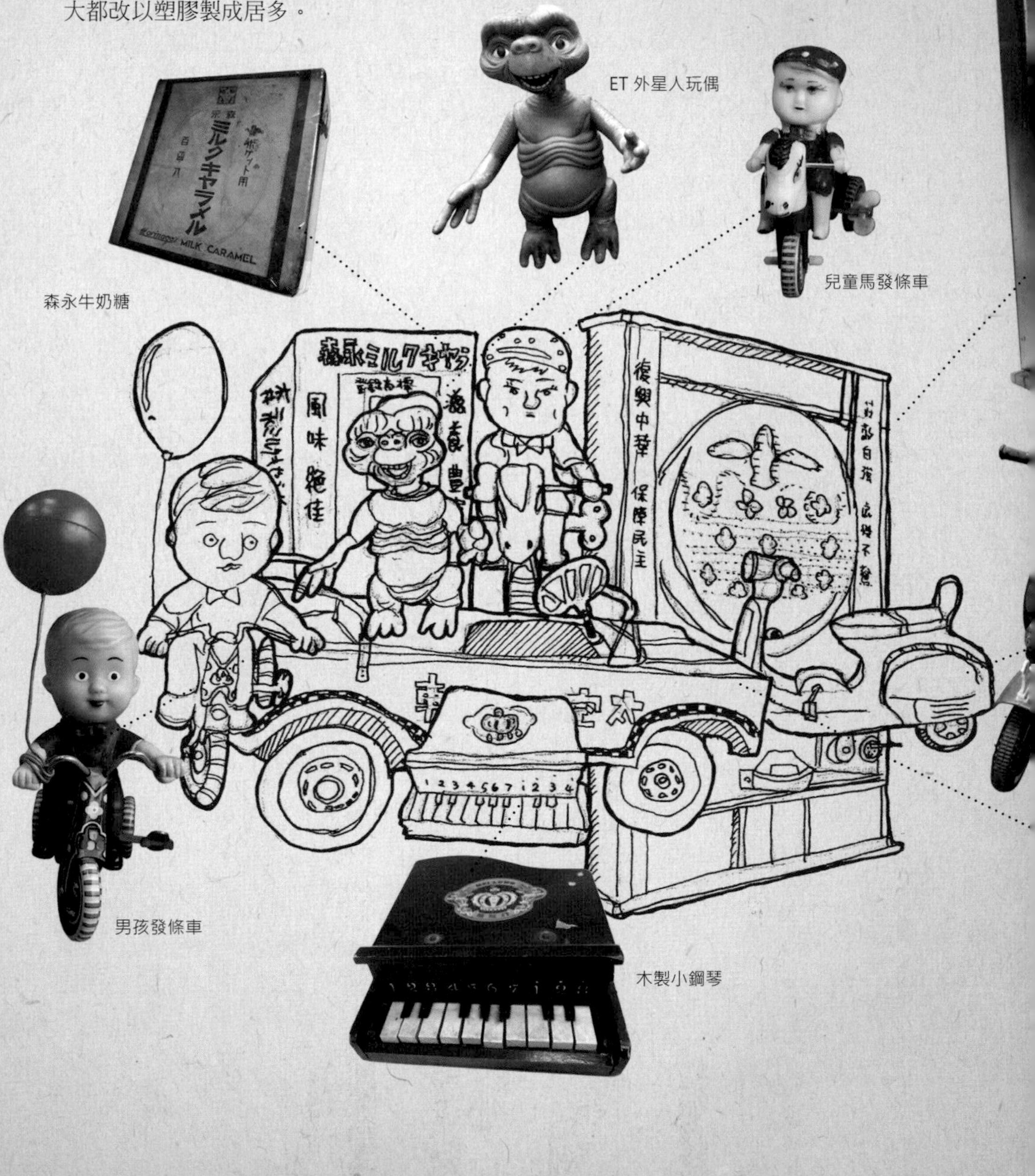

ET 外星人玩偶

兒童馬發條車

森永牛奶糖

男孩發條車

木製小鋼琴

【兒童座騎憶童年】

在某一個假日的早晨，4 歲的小兒子起床後，對著我說：「『把鼻』我們去尬車吧！」那溫馨的畫面在我腦海停留很長一段時間，讓我想起已故的父親。小時候家境清寒，從事木匠的父親當然買不起兒童小偉士坐騎送給大衛，記得那是隔壁住著洋房鄰居東東的坐騎，他父親是華南銀行的高階主管，記得當時東東一人就擁有 3 輛不同款式的小偉士（羨慕）。

如今我已爲人父親多年，知道從前父親的辛勞，現今的我已有能力購買最夯最貴最高級的賓士轎車送給老爸，只是最疼愛我的父親已不在人間。「子欲養而親不在」這句話一直是我內心深處最大的遺憾！或許是補償作用，我家的一對兒女算算竟擁有 8 部不同款式的兒童座騎。

對於父愛的遺缺，很難讓我釋懷，總是在失去後才驚覺天倫樂的珍貴。或許是想填平童年時渴望父愛的缺口，補償天倫樂時光，是現在我最常做的事情之一。每到週日，一定放下手邊所有的設計案、企畫案，嚴格要求週日就是家庭日的定律，即便是颱風天，只要全家人賴在被窩裡，對我而言那就是最昂貴的簡單幸福。更希望我的一對兒女，能感受到我爲父滿溢而出的眞愛，並填滿他們整個童年。

三育彈球運動機

小偉士機車

四輪兒童車

台灣早期不同廠商的企業寶寶。

企業玩偶也是企業商品的代言人之一。

不同時期的和成小金剛與美固漆企業玩偶。

企業寶寶是早期購買商品的附屬贈品，現今卻是收藏家眼中的夢幻逸品。

玩具大展的文物故事。

【兒童座騎】

民國 50-60 年代的小朋友所乘坐的座騎大致可分爲投幣式搖搖馬、鐵皮／塑膠座騎、木作座騎等三大類。

投幣式搖搖馬中，天鵝、小蜜蜂和斑馬是在遊樂場中很常見到的，大都因當時的卡通人物去塑造機型，後期的科學小飛俠人物與千里尋母小蜜蜂，都是當時最受歡迎的機型。鐵皮和塑膠合金所製成的座騎則以三輪車和四輪驅動式鐵皮車爲主，小男生的腰際會插上一把青龍寶刀，用來玩騎馬打仗，小女生大都用來載洋娃娃玩辦家家酒。至於木作的小木馬與手推車，應該是每位學齡中孩童，人生的第一部座車。

【企業玩偶】

在刻苦、勤儉、樸實的年代，想要另外花錢買玩具，對家境不佳的孩童，是屬於奢侈的夢想品，於是附贈的企業寶寶就變成了睡前必須擁抱入夢的貼身之物，其中大同寶寶與王子麵寶寶是家喻戶曉的商品，其他電器品牌所推出的附贈企業形象玩偶也不遑多讓，例如：日立鳥、聲寶拿破崙、SONY 寶寶、國際牌人偶、台熱牌米老鼠、東亞猴、和成牌小金剛以及飲料界的萬達寶寶、羅莎麥汁虎、阿華田寶寶、統一妹妹。醫藥界的企業寶寶有：武田製藥胖維他寶寶、感冒優寶寶、資優奶粉寶寶，機車類則以 CCI 鈴木寶寶最具收藏知名度，可見民國 60-70 年代企業形象玩偶所受企業家的鍾愛。

【塑膠與木製品玩具】

塑膠玩具類商品頗多，布袋戲、軟膠玩偶、寶刀、玩具槍、娃娃......對我而言，那些都是我童年中最寶貝的玩伴，部分玩具甚至保存至今超過 40 年，停留在我的祕密館藏裡。

女生最常有的玩具應該是這木製紅色小鋼琴。圖片中這是我姊姊的小鋼琴，家境並不富裕的小孩，想學鋼琴猶如登天之難，或許實在是姊姊功課太好（全校第三名），為獎勵姊姊的好表現，在發成績的當天，老爸把當天辛苦的勞役工資 200 元用在老姊夢寐以求的鋼琴上。記得姊姊連續抱著它睡了好幾夜，直到練好第一首世界名曲〈小蜜蜂〉——533，422，1234555；533，422，13553。2222234，3333345，533，422，12551。

【鐵皮玩具】

鐵皮玩具興起於二十世紀初德國和西班牙，二次世界大戰後日本成了主要生產國。日文「ブリキのおもちゃ」是指以薄鐵皮（馬口鐵）為材料所製作的玩具。機器人為鐵皮玩具中最常見的主角，其次為車輛、飛機等。

生平擁有第一個鐵皮玩具是在小學二年級時，記得是遠房親戚拜訪我家的兒童伴手禮。那是一件舶來品，依日本的一輛高速公路警用巡邏車製造，裝上電池後，車頂上的紅燈亮起並伴隨警鳴聲，在車底有個回勾裝置可以在桌上行走，碰到桌邊時自動回轉而不會掉下，在當時而言已是很特別的功能了。

【彈珠檯】

「兒童樂園」圖騰的小彈珠檯是民國 60 年代最常玩的遊戲之一，上面印滿卡通人物的紙板貼在底板上，畫面很可愛，有多種不同款式，大都以迪士尼卡通為主，有迪斯奈樂園、兒童樂園、環遊世界等系列款式。

「柏青哥」彈珠機在二十世紀初期於日本名古屋市發明，起源於大正時代有獎品的投幣式遊戲機，當時為供兒童遊玩的遊戲機。因遊戲內容類似博奕方式在 1942 年曾被禁止，也令彈珠機店必須關閉。直到 1946 年第二次世界大戰後，才又獲得解禁。

【夾娃娃機】

這種機檯在我小學時就有，很常在柑仔店或文具店出現，但這種夾玩具的販售機，真正起源於美國 1920 年，台灣約莫民國 60 年代由日本風行後跟進。當年的夾娃娃機，只有一個按鈕，外觀簡約，下方邊條有點巴洛克式風格，投幣後怪手式的夾具會捲起至最高點，方便機檯旋轉，待旋轉至消費者欲夾商品處，即立刻按下按鈕，放下夾具並張開怪手開始夾物及回轉至出物口，當年的夾力無法調整，通常成功機率極高，每夾必中。初期商品內容以泡泡糖及糖果居多，為刺激買氣，業者會加放紅色的獎品小紙卷，吸引小朋友投幣消費。

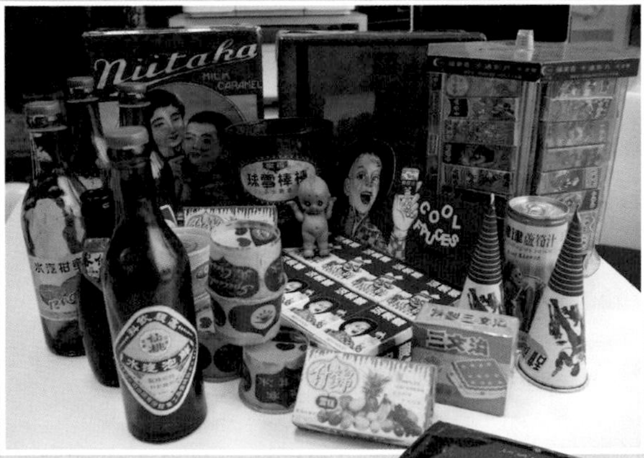

【美味零食】

雪糕、冰淇淋、汽水、牛奶糖、泡泡糖、涼煙糖......是陪伴童年一起成長的美味零食，記憶中「鍋粑」是種很特別的零食。1948 年中國內戰，湖北武漢人聞氏隨蔣介石政府來台，於台北市信義路東門市場附近，重操湖北名產、自製、自銷舊業，以米加工食品爲主，其中鍋粑最爲暢銷，「鍋粑大王」美名即不逕而走。

「鍋粑大王」光聽名字就很炫！後來流行成爲民國 50 年代的一種伴手禮「米香」，吃起來像是現在坊間在賣的 PO-MI-PAN，也有別人家的阿公說是像現在的「沙其馬」，不管答案如何，可以確定的是在 50 年代這是最受朋友歡迎的伴手禮之一。

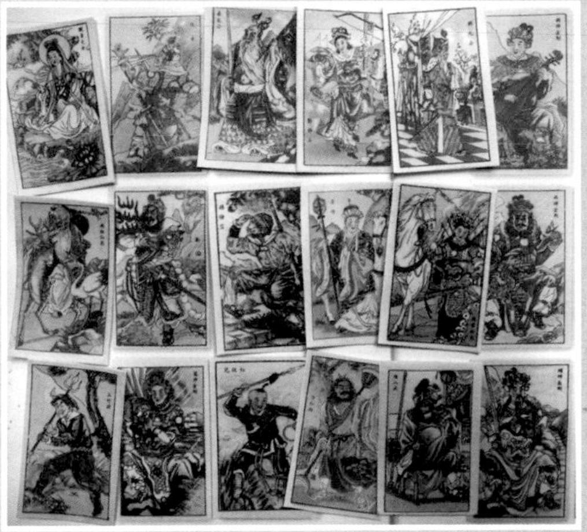

【白雪公主泡泡糖】

這款泡泡糖是民國 50 年代相當著名的泡泡糖，迷人之處在於包裝盒內的畫卡，因爲收集完整畫卡可換獎品。

白雪公主泡泡糖畫卡是 50 年代風行全台的文創行銷活動之產物，畫卡是包裝於泡泡糖內，隨糖附贈，以供消費者之收藏與對獎，其內容包括中國四大小說名著：《三國演義》、《西遊記》、《封神榜》、《紅樓夢》的畫卡各一百張。

玩具大展收藏夢幻收藏。

【和成小金剛】

民國 74 年和成牌小金剛瓦斯爐，舉辦買瓦斯爐送小金剛寶寶活動，和成小金剛就是以這樣的廣告方式行銷。小金剛共有黃、粉紅二種顏色與 27、17 公分二種尺寸，並在腳底印有「和成欣業股份有限公司 贈」字樣。

【感冒優寶寶】

民國 60 年代，當時由忠山製藥公司推出感冒優藥水，藥廠專門送給西藥房擺設的、由葛小寶代言，全身棒球裝，臉上永遠保持露出一排整齊牙齒的模樣，還有兩撇小鬍子，最大的特點是帽子上還有個 U 字型（應該與感冒優的優字發音有關），高度 30 公分，頭戴棒球帽、身穿棒球裝，還會搖頭晃腦。

【CCI 鈴木機車寶寶】

日本鈴木機車於 1967-1976 年生產一款 A125 型機車，同步也出產一種新的機油，為了推廣這兩項商品，於是設計了「CCI 寶寶」作為該公司的企業玩偶。

圖片來源：阿源哥哥（企業玩具廣告人形館）

【萬達汽水寶寶】

人形的企業玩偶最受收藏家青睞，尤其這款獨一無二的倒立淘氣的模樣，更是讓收藏家們愛不釋手。萬達汽水為可口可樂公司出品的橘子口味飲料，該商品還出三款不同色系的太空人造型企業玩偶。

【美固漆寶寶】

美固漆寶寶是民國 70 年代元陽油漆公司的商品。在台灣油漆界裡是唯一的企業玩偶，造型是一位油漆工穿著橫條 T 恤搭配吊帶褲，並帶著鴨舌帽，右手提公司生產的「美固漆」，左手拿油漆刷，十足的油漆工造型。

【羅莎虎寶寶】

民國 70 年代推出羅莎麥汁飲料時，同時期生產羅莎虎企業玩偶。需購買羅莎麥汁飲料 2-5 箱，才能贈送一隻羅莎虎寶寶，以增加公司銷售業績，或是剪下商標二個寄回公司參加抽獎方能取得。

【王子麵寶寶】

王子麵是味王出產的速食麵，於民國 59 年上市，為台灣民國 60-70 年代最負盛名的速食麵之一。王子麵企業玩偶為投手造型，帽沿內印有 Prince「王子」字樣，以投手造型上市，應該與當年的國球棒球運動興盛有關。

【Q 比娃娃】

很多人會認為 Q 比 = CUTE BABY 可愛娃娃之意。其實不然，注意 Q 比的背部，會發現它擁有一對小翅膀，原形來自 1909 年美國插畫家蘿絲，參考愛神丘比特（Cupid）所畫的娃娃，1912 年由德國廠商加以立體化，在美國大受歡迎，日本也接受了原作者蘿絲的訂單大量製作銷美，最後甚至變種出現日本風味的 Q 比娃娃。故具有百年歷史的 Q 比娃娃本名應為「CUPID」= Q 比

【小蜜蜂搖搖馬】

民國 60 年代遊樂場，很常見到這座大型的電動音樂座騎，原因來至我國播映的第一部卡通連續劇《小蜜蜂》。

小蜜蜂卡通影片，在民國 64 年 9 月 8 日開播至 65 年 3 月 24 日，共播出 117 集。當年的全國同時段收視率在 85%，廣告更是集集滿檔，可見《小蜜蜂》卡通當年火紅的程度。

【東亞猴寶寶】

東亞猴為東亞燈具企業玩偶。民國 52 年東亞日光燈上市，隨即生產以手拿金箍棒的孫悟空造型企業玩偶，在該商品日光燈的外包裝箱上，則是印上孫悟空腳踩燈泡，手拿日光燈造型的圖騰，下回有機會買到該品牌燈具時，不妨仔細瞧瞧印證一下。東亞猴寶寶的腳底印有「亞」字，作為品牌商標記號。

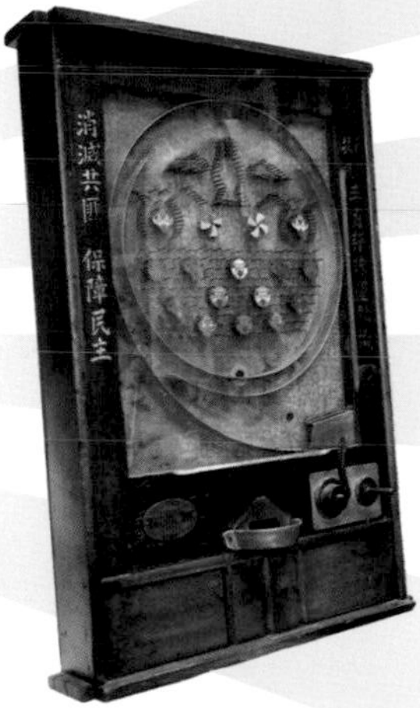

【三育彈球運動機】

這款特殊的運動機，整體外觀與內部功能就與現在的柏青哥相同。當時的兩岸情勢緊張，街頭巷尾很常貼有反共抗俄標語，就連這組彈球運動機，也成了反共愛國商品。如今兩岸開放，也成了歷史的文物見證者。

【王子牌兒童車】

這種鐵製的兒童三輪車，在民國 60-70 年代裡的兒童世界是相當盛行的，甚至更早的日治時期就有。隨著工業發展與科技進步，材質上由木作——鐵製——塑膠等有所不同，三輪車前進方式也由外力推送——腳踏前進——電動啟動等而進步改變，不變的是每個年代的兒童歡樂聲。

【亮叔叔寶寶】

上官亮是台灣民國 60 年代知名電視節目「兒童世界」主持人，在節目中被小朋友尊稱為亮叔叔，該節目更是當年華視招牌節目。電視公司特別生產該玩偶贈送給小朋友，但需回答亮叔叔的相關益智題目，答對才能取得。

【統一妹妹】

早期統一的企業標章與現在的有所不同。西瓜皮的髮型配上粉嫩的臉龐，統一妹的造型實在非常可愛美麗，穿上印有統一企業標章圖騰的 T 恤，讓人很想快速的擁有它。

玩具大展手繪圖教學。

[step 1] 步驟一

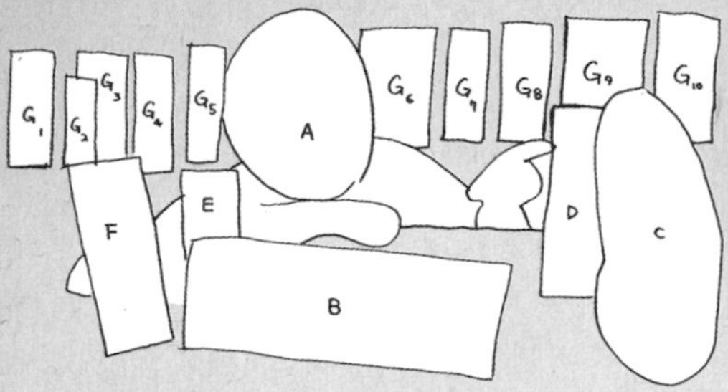

1. 先用 HB 鉛筆，將圖面分為前景圖與後景圖兩區。
2. 前景圖：A 人物、B 玩具戰車、C 恐龍玩具、D 超人機器人、E 復古機器人、F 太空機器人。
3. 後景圖：G1-G10 鐵皮機器人與機器人紙盒裝。
4. 概略將大小位置繪製紙張上。

[step 2] 步驟二

1. 使用 HB 鉛筆，先將各場景位置圖輪廓輕柔繪製出來。
2. 後場景：G1-G10 機器人與紙盒，需注意比例原則，不應過大。
3. 前場景：A 人物，先將人物姿勢粗略繪製。
4. 前場景：B、C、D、E、F 等相關玩具，注意比例，先繪出玩具外型。

[step 3] 步驟三

1. 先畫出B玩具戰車的內部線條，需畫出車上立塊狀，注意立體感呈現。
2. 在畫出C恐龍玩具的身體部位線條，注意左手上揚姿勢。
3. D 超人機器人、E 復古機器人：需注意屬側面站立，所以臉部表情是左側臉，需注意五官劃分的相關位置。
4. F 太空機器人：正面站立，僅需注意比例大小，細心繪製。

[step4] 步驟四

1. 繪製後景圖相關機器人與紙盒。
2. 繪製 . G1–G10 相關機器人線條，需注意機器人頭部與肢體大小比例。
3. 紙盒繪製屬平面圖，除機器人繪製外，需加註機器人英文單字。
4. 將多餘線條擦拭。

[step5] 步驟五

1. 水性針筆描繪工程。
2. 使用 0.1、0.3 與 0.5 的針筆，按照鉛筆線條開始描繪。
3. 人物及機器人臉部表情細膩處，需小心使用 0.1 針筆描繪，避免線條重疊結塊。
4. 描繪完成後，再將原稿利用影印機 COPY。

[step6] 步驟六

1. 水彩上色工程。
2. 先選擇相同顏色較多的色塊，上第一層底色，注意用色不宜過深。
3. 前景圖的相關商品，二次上色時須注意光線所造成的陰暗面，較暗處需上較深的色系。
4. 完成前、後景圖相關上色，可於構圖邊緣上土黃色塊，用來襯托明確的主結構圖。
5. 完成。

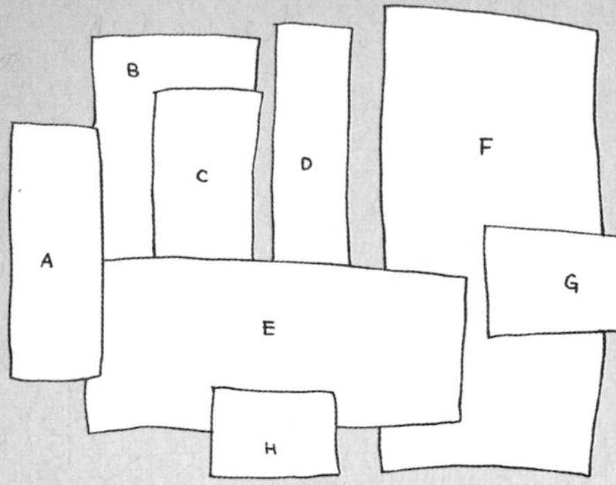

[step 1] 步驟一

1. 將平面圖展開後，區分前場景圖與後場景圖。
2. 使用HB鉛筆劃分A、C、E、H為前場景，B、D、F、G為後場景。
3. 前場景：A男童發條車、CET玩偶、E四輪兒童車、H小鋼琴。
4. 後場景：B森永牛奶糖紙盒、D男童馬車、F柏青哥、G小偉士機車。

[step 2] 步驟二

1. 將各場景中相關商品，按比例大小畫出相關位置圖形。
2. A男童發條車與D男童馬車，需注意頭形與身體及車身大小位置。
3. E四輪兒童車部分圖形與其他商品重疊，需注意重疊部分的線條表現，畫完時將後景圖的線條擦拭，僅留前景相關圖形即可。
4. F柏青哥與G小偉士機車，需注意前後場景相關位置。

[step 3] 步驟三

1. 將各商品內部線條粗略繪製。
2. 先由後場景圖B森永牛奶糖紙盒、D男童馬車、F柏青哥、G小偉士機車先行繪製。
3. 將壓到前場景圖的部分線條擦拭，讓構圖乾淨且清楚。
4. 繪製前場景圖A男童發條車、C「E.T.」玩偶、E四輪兒童車、G小鋼琴相關內部線條。

[step4] 步驟四

1. 書寫並預留各商品需撰寫文字部分。
2. H 小鋼琴，繪製鋼琴相關內部鍵盤及翻蓋。
3. C「E. T.」玩偶，繪製臉部及身體細節線條。
4. F 柏青哥，繪製木質結構相關線條。

[step5] 步驟五

1. 使用 0.1、0.3 與 0.5 水性針筆描繪已完成的主體構圖。
2. 各場景相關獨立商品，以 0.5 針筆將商品外框加粗描繪，以呈現各單品特色。
3. 將 B 森永牛奶糖紙盒部分商標文字用空心字表現。
4. 完成所有圖形描繪後，將手繪稿進行 COPY，變成印刷品。

[step6] 步驟六

1. 進行水彩上色工程。
2. 將相同色系的色塊，上第一層顏料，並靜待 3-5 分鐘。
3. 第二層上色工程時，需注意光線造成的陰影面，並加深陰暗面的色澤。
4. 完成所有上色時，將主構圖外框加上淺灰色，讓主構圖更顯明亮。

ブリキのロボットおもちゃ

鐵皮機器人玩具

填平童年遺缺的驕傲。

收藏心情故事

DATE/

男孩在童年,一定要有的玩具"鐵皮機器人"。那是一種尊寵驕傲的象徵,直到成年後,張大衛才能填平這童年遺缺的驕傲。鐵皮玩具材質主要為錫,或馬口鐵之類的薄鐵片,並利用簡單的齒輪結構,搭配設計者的巧思,組合成會行走的機器人玩具。現今的科技,足以讓機器人加入聲光效果,造型更是新穎許多,但我依然喜愛較復古式且簡單的機器人,喜歡那簡樸單純,屬於我童年期款式的機器人。

鐵皮玩具大致上分三類:靜態展示、發條驅動和電池驅動。發展的期間也有所不同,早在20世紀時,西班牙與德國就有相關玩具誕生,而1945年二次世界結束後,敗戰的日本,利用戰爭後的廢材,生產出全世界第一隻鐵皮機器人玩具リリパット【LILLIPUT】並在40~60年代為全世界鐵皮玩具主要生產國,直到70~80年代,被擁有【玩具王國】美譽的台灣所取代,時代變遷,隨著中國經濟的崛起,現今的玩具代工紛紛轉向中國大陸,玩具包裝外盒上的製造國別也由Made in Taiwan,變成Made in China.

COLLECTION TAIWAN

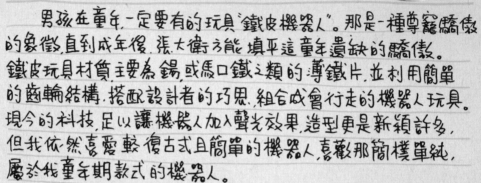

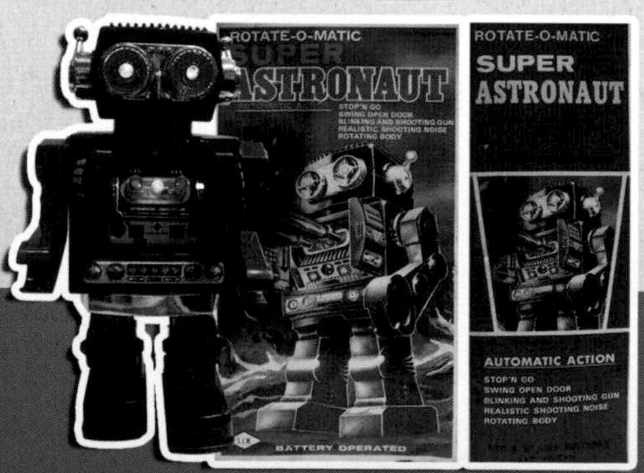

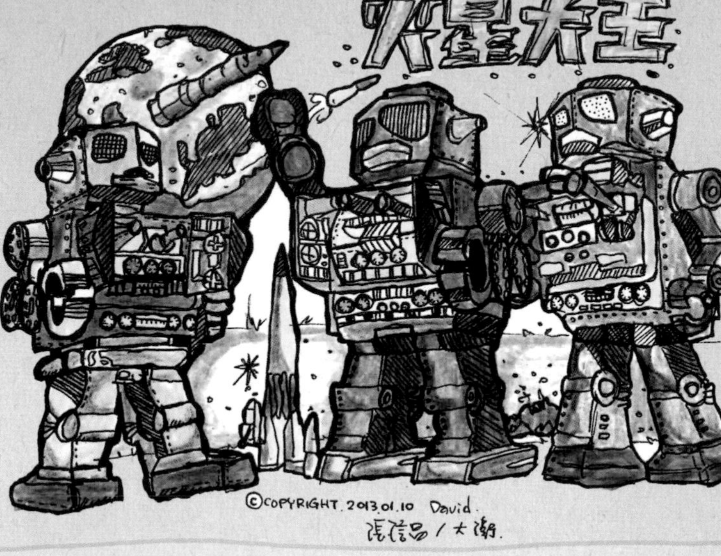

從事懷舊商業設計的張大衛,因工作關係與興趣收藏,對於鐵皮機器人收藏量竟也達到數百款之多。

每件鐵皮玩具,都足以是時代背景的見證者,通常我會先了解玩具本身是否有觸及童年情感的誘發,或特殊的收藏意義,並記錄購買日期、地點,然後與玩具一同放入紙盒內,時間久了,就成了一種甜蜜有趣的回憶,或許某天有位小孩再度打開塵封已久的機器人外包裝紙盒時,除把玩機器人外,也會看見我為他們留下的時光故事。

鐵皮機器人懷舊商展

復古機器人懷舊商展

鐵皮機器人。

【鐵皮機器人リリパット (LILLIPUT) 與アトミック.ロボット.マン (ATOMICROBOTMAN) 機器人的故事】

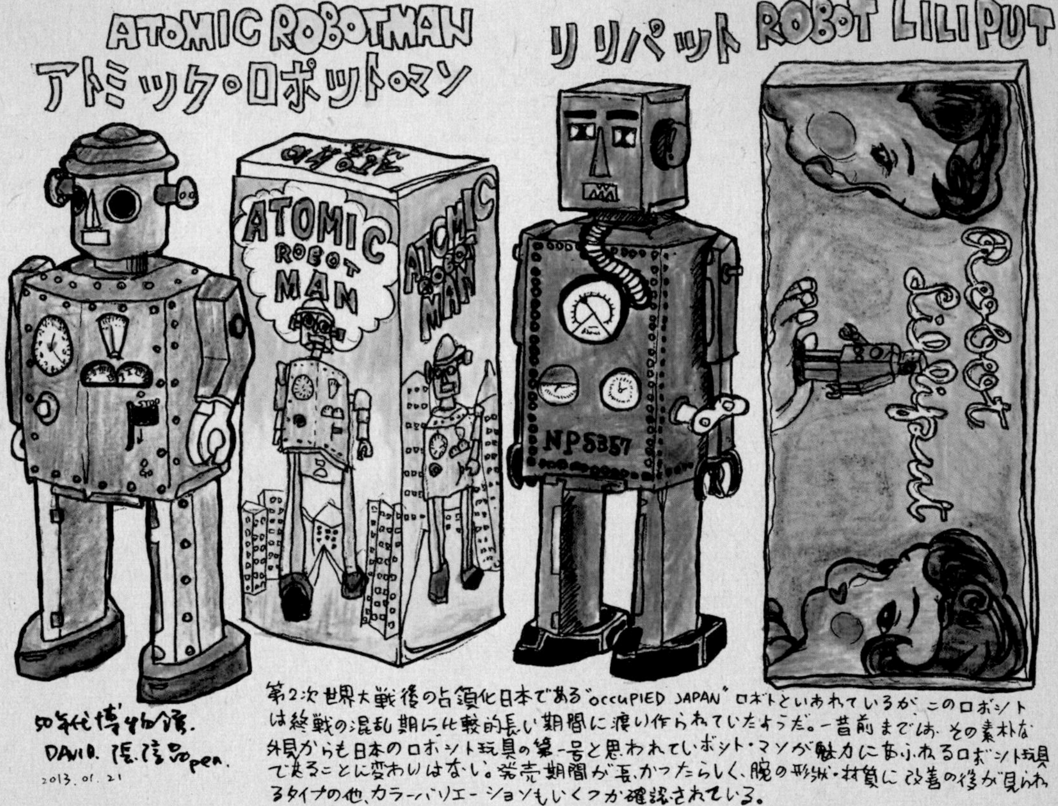

ATOMIC ROBOTMAN
アトミック・ロボット・マン
リリパット ROBOT LILIPUT
ATOMIC ROBOT MAN
NP 5357
Robot Lilliput
第2次世界大戦後の占領化日本である"OCCUPIED JAPAN"ロボトといわれているが、このロボット
は終戦の混乱期に比較的長い期間に渡り作られていたようだ。一昔前までは、その素朴な
外見からも日本のロボット玩具の第一号と思われていたロボット・マンが魅力にあふれるロボット玩具
であることに変わりはない。発売期間が長かったらしく、腕の形状・材質に改善の後が見られ
るタイプの他、カラーバリエーションもいくつか確認されている。
50年代博物館.
DAVID. 張信昌 pen.
2013.01.21

リリパット (LILLIPUT) 鐵皮機器人

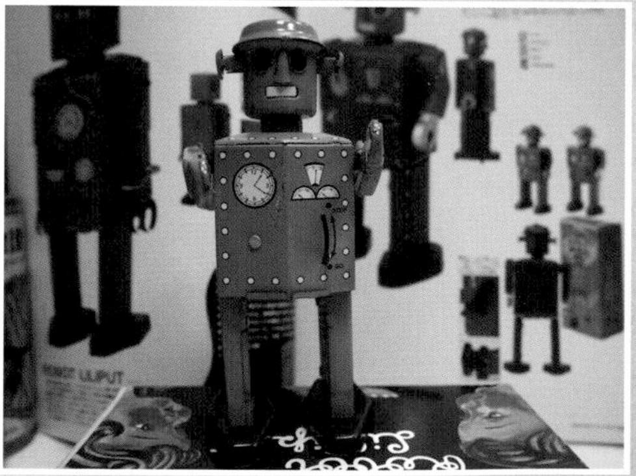

アトミック.ロボット.マン (ATOMICROBOTMAN) 鐵皮機器人

【リリパット機器人】

1941-1945 年二次世界大戰中的太平洋美日戰役，身處敗戰的日本國土嚴重損毀，但日後的復興工程也相當快速，聰明的日本人利用損毀廢材中的錫與很薄的鐵片來生產玩具，造就了這隻日本史上的第一隻機器人鐵皮玩具。リリパット（LILLIPUT）機器人，Lilliput 字面上的意思即是指童話故事《格列佛遊記》中小人國的小人們之自稱，就像它的外包裝盒上，有二位可愛小朋友手捧リリパット機器人，像極了格列佛誤闖小人國。

リリプット機器人的外觀，有著四方形的頭、長方形的身體以及行走時會擺動雙手的可愛模樣，確確實實是隻樸實簡約的機器人。在公認眞正較大款並取名機器人之前，有許許多多的玩具機器人出現，其中第一隻便是這 1940 年代出品的リリパット，直到 1950 年代末期，リリパット已經從日本流行到了美國，銷售量能夠與美國最受小朋友歡迎的泰迪熊和玩具消防車並駕齊驅。

由包裝盒及機器人本體的設計加以推測，可以感受到二次大戰前的氛圍。根據熟知當時情況之關係者的說法，リリパット並非屬於 1950 年代的設計。戰前的摩托車等玩具之上經常可以看到位於上方照片上的「kT」mark，因此可以推測リリパット應該是屬於日本戰前 1940 年代至戰後混亂期之間的產物。

【アトミック．ロボット．マン機器人】

二次大戰結束後，日本在被美軍託管期間的混亂期中，有隻被製造出來的鐵皮機器人玩具，亦被公認爲最具代表性的玩具之一，取名爲オアトミック．ロボット．マン機器人。從樸素的外表下，曾經被認爲是日本機器人的第一號，但現在已經確認リリパット（LILLIPUT）才是第一，並奪得史上第一隻機器人的美名。但即便如此，アトミック．ロボット．マン機器人依然是非常具有魅力的可愛機器人，應是無庸置疑的。

アトミック．ロボット．マン機器人的外觀有個圓盤帽及鏤空的雙眼，造型簡約可愛，其中手腕部分更改過多次不同的材質，而機器人顏色也因發行時間不同略有稍稍改變。這款機器人發行販售的時間很長，很受當時的小朋友熱愛。

鐵皮機器人的文物故事。

【阿昌ㄟ鐵皮機器人】

童年之際，擁有鐵皮機器人對我而言是遙不可及的夢想，那是一種尊榮擁有者的象徵，擁有者會很驕傲的說：「這是我爸爸從日本買回來的機器人」，然後撥動電池開關讓機器人行走及發出各種聲光效果。此時旁人會圍成一個小圈，並讓擁有者立於其中，聽他細說機器人功能等種種解說。通常阿昌是屬於在外圈觀賞的一分子，那種既羨慕又嫉妒的心情眞是難熬。成年後，因工作所需，又或許說是補償心態，對於各類型的機器人竟能如數家珍一一購入。那是種塡補童年遺缺的空洞，也是存在男人內心深處一種童心未泯的心態。

【台製機器人】

民國 70 年代 / 高度：35-40 公分
驅動模式：電池

民國 77 年，在政府以外銷政策主導下，台灣的玩具代工開始萌芽，於是民國 70 年代後國際上的機器人玩具，紛紛轉向台灣代工，由於當時台灣勞動力的優勢，玩具代工在民國 80 年代已經成為台灣外銷產業前五名，產量勇冠全球，讓台灣「玩具王國」的美名享譽國際。當時台灣除了幫美國、日本等玩具需求大國代工外，也自己研發設計台製的本土機器人，主要材質以塑膠外殼及簡單的聲光效果電源為主，外型大部分是參考日本的機器人造型，再外加或刪減一些相關機器人元素，造就了台製版的專屬機器人，或許材質及外觀沒有日本設計者來的優美或酷炫，但身為台灣人的張大衛，還是熱愛這批 MADE IN TAIWAN 的羅伯特機器人。

台灣製造電話機器人

【齒輪機器人】

民國 60 年代/高度：26.4 公分/驅動模式：發條/原生產國：日本/復刻版：中國大陸

以日本少年冒險家小說中人物造型所設計，聰明的齒輪驅動，帶動胸前的 6 色環齒輪，並搭配發火石，在行走間，由於發火石持續摩擦，胸前與眼睛會發出火花。民國 50-60 年代，發火石廣泛的運用在鐵皮機器人設計上，直到民國 70 年代發光發亮的元素，方被電池取代。（有了透明塑膠製造技術後，方能有呈現胸口齒輪轉動的結構設計）

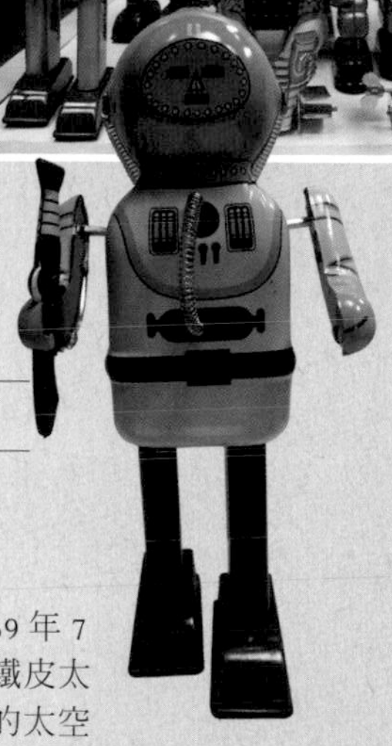

【太空人機器人】

民國 50 年代/高度：20 公分/驅動模式：發條/原生產國：日本/復刻版：中國大陸

1970 年代又稱太空年代，1969 年 7 月阿姆斯壯登陸月球後，帶動了鐵皮太空機器人的風潮，各種不同造型的太空人造型機器人因應而生。

【SMOKING SPACE MAN 噴煙機器人】

民國 50 年代/高度：30.4 公分/驅動模式：電池/生產國：日本

噴煙機器人，在民國 50 年代屬高科技類的童玩機器人，除了可以做簡單的行走與手臂擺動外，最特別的武器就是可以從嘴巴中噴出白煙，並在雙眼處可以發亮。日本機器人設計者將鐵皮發條式機器人發揚光大，改造了傳統式的發條驅動模式，利用電池驅動，並加入多種聲光效果，讓鐵皮機器人更加生動活潑。在機器人玩具類別中屬於大型款，由於電池持續供電，機器人可以讓玩家持續欣賞噴煙機器人所帶來的連續動作。走動 - 噴煙 - 眼睛發亮。民國 50 年代僅生產鐵灰與水藍 2 色，近期復刻版由中國大陸代工生產， 已增加至 7 色之多。

【PISTON ROBOT 活塞機器人】

民國 70 年代/高度 30.0 公分/驅動模式：電池/原生產國：日本/授權代工：台灣

活塞機器人，胸口有著類似汽車引擎的活塞運動，並刻意以透明外殼組裝，讓玩家可以清楚的看見活塞運動，因而取名「活塞機器人」。此款機器人與火星大王爲同時期產品，特徵也極爲類似，除往前行走外，方可 360 度旋轉並發出噠噠噠響。民國 70 年代台灣也由日本授權代工過這款活塞機器人，在外盒左下方印有 MADE IN TAIWAN，專門爲日本外銷而增產，除日本外，民國 67 年美國 Mattel 全球知名芭比娃娃玩具大廠也在台灣泰山鄉設廠。當時「Mattel」在泰山擁有員工數千人，是規模非常龐大的外商公司。

【JAPAN ROBOT 日製機器人】

民國 60-70 年代/高度 25.0 公分/驅動模式：電池/原生產國：日本

民國 60-70 年代的機器人玩具大部分是以鐵皮與塑膠兩種材質製成，其中設計、生產國更以日本爲主。民國 60 年代的卡通中，無敵鐵金剛、科學小飛俠、宇宙戰艦、超人力霸王、海王子等相關動畫影片，也都是由日本生產。通常卡通上映時，該時期就會有相關的玩具因應而生，例如：食玩、漫畫、鐵皮玩具、尤仔標等，這種置入性行銷方式，深深打入每個幼童心坎，男孩一定要擁有一隻海王子的寶劍和鐵雄的迴力鏢及阿丁的溜溜球。下課後同學們交談的主要話題，並非課業的難易，而是昨晚卡通的劇情，可見幼年時期的玩具與卡通都受日本文化影響頗深。

【TV ROBOT 電視機器人】

民國 60-70 年代/高度 25.0 公分 -30.0/驅動模式：電池/原生產國：日本

電視機器人，是機器人類別中加入影音效果的一款，左邊藍色約 20 公分高這款，可做行走動作並播放宇宙星空圖樣，全身 90%以塑膠材質做成。右邊黑色 30 公分高除了較大款外，功能也多了上半身可 360 度旋轉，下方的腿部用了鐵質的元素增加了質感，胸口會播放火箭發射升空的情景，胸口內部做了燈光照射及塑膠軟片的捲動作連結，在機器人由電池驅動時，不但可以行走，並同時可播放精采的影片，故取名「電視機器人」。

【SUPER ASTRONAUT 火星大王】

民國 70 年代/高度 30.0 公分/驅動模式：電池/原生產國：日本/授權代工：台灣

火星大王可以說是電池驅動機器人的鼻主，也是最受收藏家家喜愛的經典款，火星大王機器人裝上電池，除了可以前行走動、眼睛發亮外，最特別的就是可打開胸前的外蓋，露出機關槍炮並發出連續攻擊及腳部以上 360 度旋轉， 約莫 5~7 秒後，停止攻擊關上前蓋再繼續往前行走。其中一款為台灣代工的火星大王機器人，款式因製作年份不同也有所異動（上上圖）。日製火星大王機器人，胸前特徵明顯與台灣代工版不同，整體上的精緻度也較為細膩美觀（上圖前二者）。

【中國製火星大王】

年代：2010/高度：30.0 公分/
驅動模式：電池/生產國：中國大陸

後期類似火星大王造型的機器人頗多，在網拍市場中很常見。中國製的火星大王機器人則爲其中一款，外型簡化了許多，但增添了頭頂的紅色圓燈，顏色更達 7-8 款之多。外觀造型簡易，包裝紙盒簡約，但依舊保有胸前蓋開啓後機關槍發射及上半身 360 度轉動的功能設計，在色彩方面更是提供消費者多樣選擇，收藏不同國家代工的火星大王，可以了解不同的工藝手法及稍稍不同的特徵，這也形成了收藏的另一種樂趣。

【鐵皮玩具收藏保養與清潔】

民國 50-60 年代鐵皮玩具大量使用亞鉛合金（錫與鋁混合金），遇到手汗很容易氧化生鏽。一般收藏級的玩家，爲了不讓古董鐵皮玩具繼續惡化生鏽，在觀賞把玩時，都會帶上棉質手套，避免手汗直接接觸，另外在保存上，都會非常小心的使用盒裝與固定紙版裝入，避免嗑傷損毀。通常完整的收藏，除鐵皮玩具商品本身外，完整的外包裝盒更是重要，精美的手繪圖印刷及註明製造國別與品名等，都是鐵皮玩具的身分象徵，所以包含紙盒在內的存放處都必須避免陽光直接照射和注意溫濕度控制。清潔時只需用軟毛刷或棉質乾布擦拭表面灰塵即可，切勿使用溶劑類的清潔用品。至於內部齒輪機械結構，可點入少許的潤滑油滋潤機件。

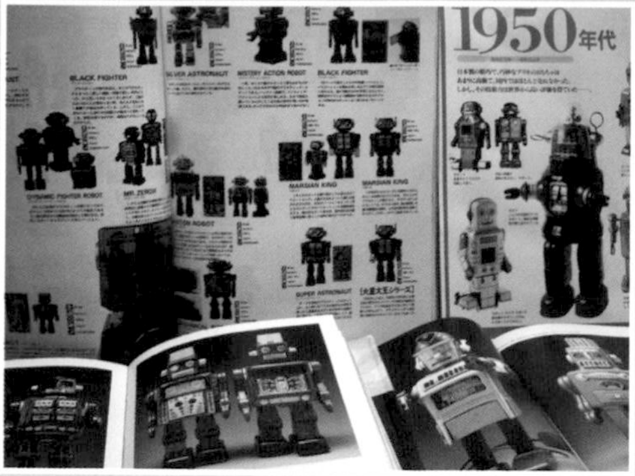

【ROBOT 研究參考書】

爲了專業的了解鐵皮機器人玩具相關研究報告，積極的從國外買了許多參考書，大部分的解說都以大量圖片及簡潔的文字說明。通常鐵皮機器人玩家都以收藏不同類型的機器人或功能差異性來做區別，例如：火星大王系列、星際大戰系列、活塞機器人系列、外星人系列等。羅伯特（ROBOT）一詞，是機器人的統稱，大致上以眼睛發亮、胸口蓋開啓發射機關炮、嘴巴吐煙等功能爲主，這類型的參考書籍在國內不易購買，需透過網路向各大拍賣場競標下單，如果到達買書研究參考的階段，這應該就是已經到了中了機器人毒的現象了。如本書作者——張大衛。哈！

【外包裝紙盒收藏】

一個完整的收藏，除了機器人商品本身的品相、功能完整外，擁有完整的外盒包裝與使用說明書更是不可遺缺。紙盒的正面都會畫上相當精緻的商品機器人圖像，外加宇宙星空或火箭發射及太空船登陸的背景，造就了買家另一層面的收藏樂趣。包裝紙盒的側邊會標註使用方式及機器人相關說明，通常這些品名標題文案都以英文標示，幼年的小朋友雖看不懂其意，但玩具無國界，只要拿到手中約莫 5 分鐘，就可玩得不亦樂乎。

鐵皮機器人夢幻收藏。

【火星大王系列】

1965 年左右出現的火星大王，是機器人收藏玩家的經典寶物。台灣在民國 70 年代也曾為日本的火星大王代工生產，並在外銷的紙盒上打印 MADE IN TAIWAN，不同時期的火星大王製造的材質也有些許不同，塑膠與鐵皮合成製作，或是全鐵皮製作都有，在外型也有小變化，這些許不同的小變身也造就玩家收藏的樂趣之一。

【噴煙機器人】

SMOKING SPACE MAN，將玩具機器人的可能性推至高峰，簡單的走路已經不能滿足兒童玩耍的樂趣，增加口吐白煙與眼睛發亮閃爍，讓機器人玩具更具人性化。由於功能較多與主體結構複雜，傳動的電源裝置僅能放至於雙腿上，這是在其他機器人身上少見的配置。

【雷電機器人】

頭頂螺旋槳及雙手雷炮的特殊外型，是 THUNDER ROBOT 的特色，約在 1960 年代由日本玩具公司製造。

【太空船】

1969 年阿姆斯壯登陸月球後，有關太空人相關系列的機器人與飛行太空船玩具相繼出品，這款太空船除了行走外，上半身的飛行駕駛艙也會轉動，太空船旁邊的 6 顆燈泡也會輪流發亮。

【齒輪機器人】

這款機器人是由冒險小說中的人物，經過玩具公司設計變成實境中的機器人玩具，其特色為胸前的齒輪結構，經透明壓克力板，可以清楚看見傳動系統的變化。

【兒童座騎機器人】

這款小朋友座騎的機器人，約出現在民國 70 年代。打敗了傳統的鐵皮三輪車與相關電動兒童車，在當年可說是兒童座騎的最高境界。特色：可乘載 30 公斤以下孩童，機器人雙臂可夾取輕物並配有擴音器，方便呼叫玩伴。

【台製玩具鐵皮機器人】

約民國 60 年代的文具店或柑仔店、玩具店，很常看見陳設在玻璃櫥窗內，由於小巧可愛價格不高，一般消費者較易入手，唯一缺點是因鐵皮邊角有些許毛邊容易刮傷小朋友，於是塑膠玩具出現時，在玩具市場中的鐵皮玩具曾消失一段時間。

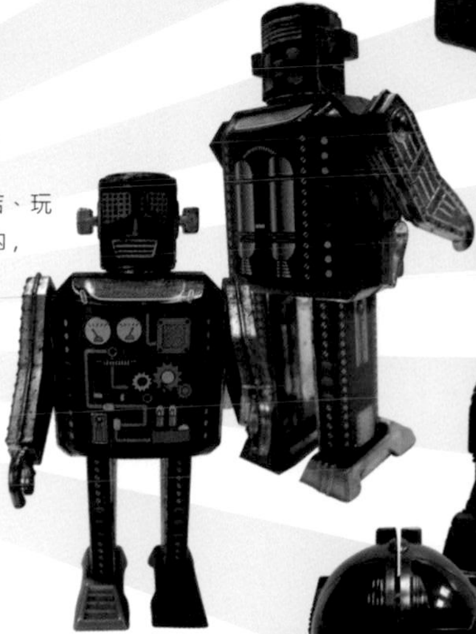

【恐龍機器人】

機器人與恐龍合為一體的特殊造型，早期源至於日本的 HORIKAWA 玩具公司，後期在台灣市場也發現這類型的恐龍機器人。

【電風扇機器人】

外型有些像 E.T. 外星人的電風扇機器人是美國人所設計，不但將電風扇化身為機器人，也非常注重安全。在眼睛部分加裝燈源，並藉由機身軸心可 180 度轉動。

鐵皮機器人手繪圖教學。

[step 1] 步驟一

1. 先將欲繪製的商品區分爲 A、B、C 三款機器人，並配置好粗略的位置。
2. A 機器人上方預留圓形地球的繪製位置。
3. 右上方標註「火星大王」的位置預留區。
4. 以基礎繪製建議使用 HB 鉛筆繪製。

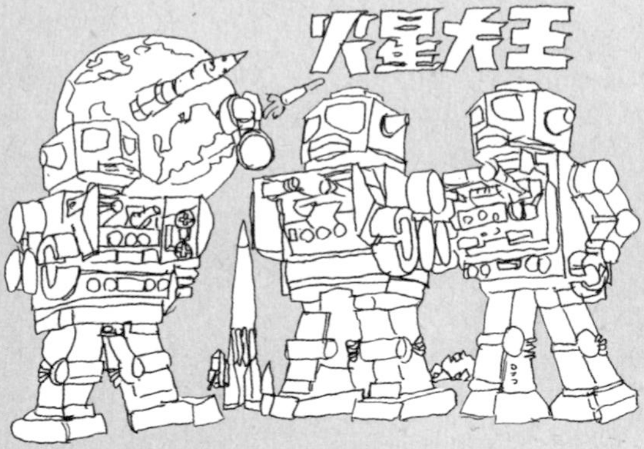

[step 2] 步驟二

1. 商品粗略繪製工程。
2. 建議先以 HB 鉛筆，將機器人各部分較爲細部或內部細節部分繪製。
3. 注意各機器人的結構分配，頭、身體、腳與手部等均勻配置劃分。

[step 3] 步驟三

1. 細部確認線條繪製。
2. 先從 A 機器人開始繪製，並使用 0.1 與 0.3 之針筆繪製。
3. 需注意線條區分，外框盡量使用 0.5 針筆繪製，以利呈現單品立體感。
4. 機器人的內部結構圖，需注意比例原則繪製。

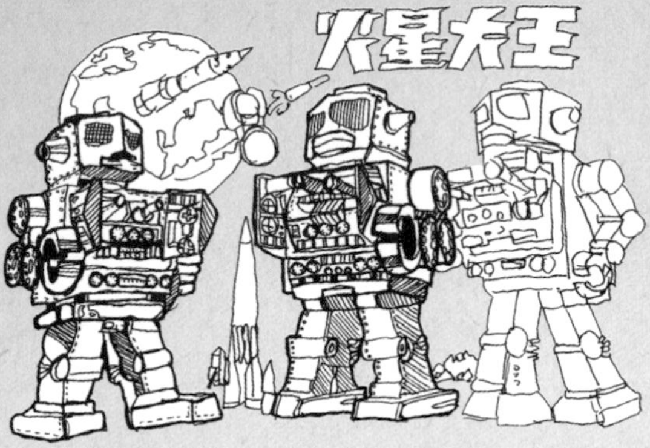

[step4] 步驟四

1. B 機器人細部確認線條繪製。
2. 機器人細部結構圖，需注意光影所產生的陰暗面繪製，需加繪陰影線條。
3. 圖上方左右的地球與「火星大王」文字等確認線條繪製，先用 HB 鉛筆略為配置後再用針筆進行繪畫與書寫。

[step5] 步驟五

1. C 機器人細部確認線條繪製。
2. 圖下方的火箭繪製。
3. 完成所有構圖，確認線條繪製。
4. 構圖最外框都以 0.5 粗的針筆再進行一次描繪，使用外框粗線，與內圖精緻的線條有所分別。

[step6] 步驟六

1. 著色工程繪製。
2. 機器人細部結構圖較多，需將色鉛筆先削尖些以方便著色。
3. 注意光影部分，並重疊上色以區分陰暗面。
4. 混色重疊上色，可使用品項更具立體感。

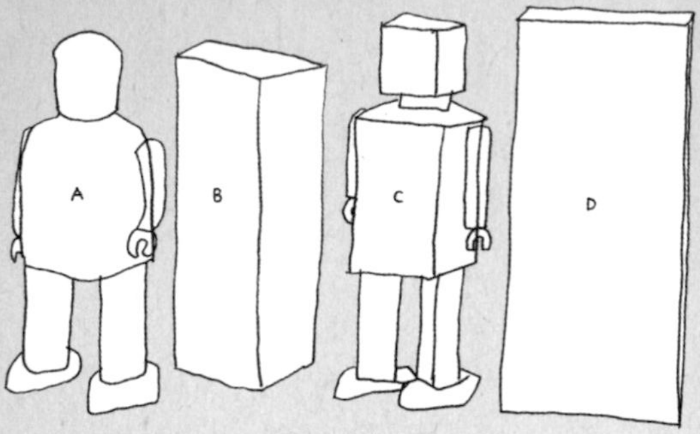

[step 1] 步驟一

1. 將復古機器人與包裝紙盒A、B、C、D配置於圖面上。
2. A：ATOMICRIBOTMAN，B：紙盒，C：ROBOTLILPUT，D：紙盒。
3. 粗略的鉛筆線條，概放商品陳列位置，並簡略的立體化。

[step 2] 步驟二

1. 較具體的將各商品立體化繪製。
2. 機器人各部分細節配置概分。
3. 包裝紙盒陳設的圖文概分。
4. 準備進行精緻化繪圖工程。

[step 3] 步驟三

1. 精緻化繪圖工程 -1。
2. 將各商品配置後，針對單品內部做精緻繪圖，建議先用HB鉛筆描繪。
3. 先從C開始做確認線條繪製。

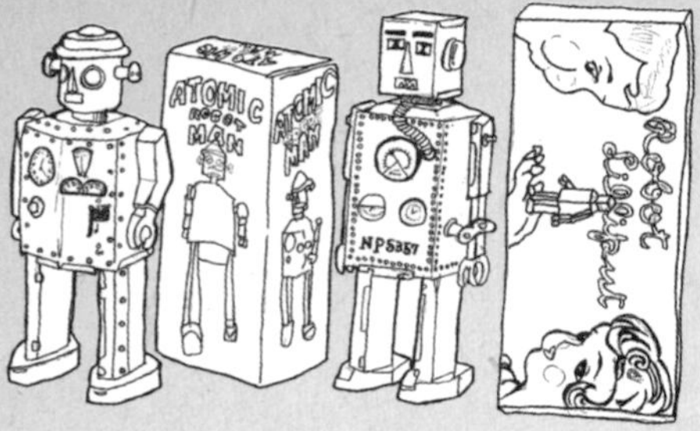

[step4] 步驟四

1. 精緻化繪圖工程 -2。
2. 對 A 做確認線條繪製。
3. 確認線條建議使用 0.3 與 0.1 針筆繪製，對於較細部的結構圖，先將筆觸輕柔繪製，避免線條過於粗略而使畫面暈染。

[step5] 步驟五

1. 文字書寫及標註工程。
2. 先用 HB 鉛筆將圖片上方的英、日文品名寫下，再用針筆繪畫出中空字體。
3. 圖片下方日文解說文案，以針筆 0.1 的線條標記書寫，並注意文案內容的間格配置。

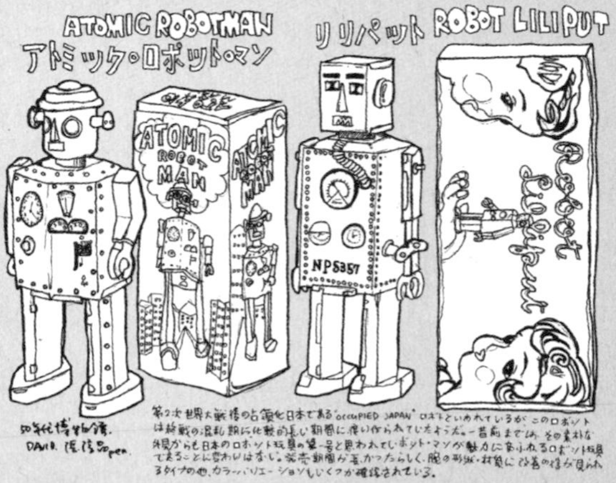

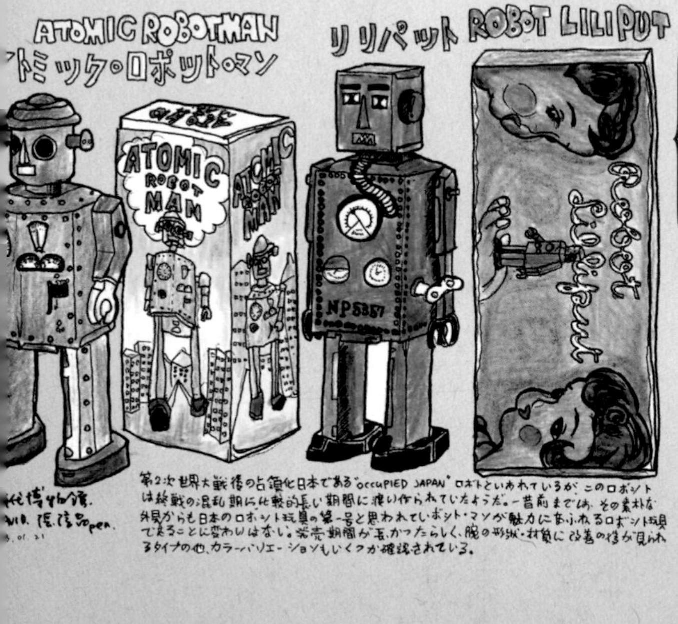

[step6] 步驟六

1. 著色工程繪製。
2. 紙盒的色彩較為多樣，需配合不同色系的色鉛筆交叉相互使用，並重疊上色。
3. 機器人上色方面，需特別注意光影的陰暗面及光源照射的光亮面。

裁縫屋

鞋子／西服／裁縫店

阿爸的西米露。

DATE/ NO/

收藏心情故事

【天妝內衣專家】是一家專為女性朋友量身打造胸罩的裁縫專門店，門口的直立式招牌不大，卻畫上一個很醒目的奶罩，然後在招牌的正上方寫著"歡迎訂做"四個大字。

這是位於新北市新莊區的一家裁縫店，家母生性害羞，不敢去傳統的百貨行或內衣專賣店選購貼身衣物，只敢到這種由老阿嬤所經營的手工訂製店，這讓我了解到，台灣的另一種特殊行業。

除了量身訂製胸罩的專門店外，【裁縫店】在50-60年代也相當盛行，不僅專為男女訂製西裝、襯衫、洋裝等，也附設修改及補破洞之類的服務，在樸實儉約的年代，生意相當興隆。可惜時代變遷，成衣市場發展蓬勃迅速，80年代後，傳統的裁縫店逐漸被大量的成衣量販店代替，多了新穎式樣選擇，卻少了母親想要的那種親切問候讓人不害羞的胸罩訂製專門店。

多年前，我刻意再度尋訪這家【天妝內衣專家】，想追尋與母親的共同回憶，尋訪中有位女士告訴我，那是她阿嬤生前所經營的店，現在已改建成大樓了，並送了我一只當年的包裝紙袋，我保留至今。

COLLECTION TAIWAN

西裝店在早期的臺灣社會中又稱洋服店，那是阿爸一生中沒有進去過的店家之一。在腦海殘留的印象裡，沒有阿爸穿西裝的畫面，僅存的一次是在相片中，阿爸牽著阿母的結婚照，不過那應該是借來的吧！

童年時的家境，很難讓阿爸擁有一套專屬的【西米露】，即使參加宴會，也只有換上乾淨白襯衫，很心疼阮阿爸在服飾上的遺缺，很可惜在上大學之前，上帝帶走了阿爸。在出版創作書時，特別留下這頁給我的父親【阿爸ㄟ西米露】。阿爸您現在好嗎？想念您的小兒　阿呂。

尊重場合的服飾 — 西裝。

【圖解鞋子/西服/裁縫店的型態與配置】

西裝，又稱洋裝、西服、洋服等，也是西式的正式套裝，現代多指男性西裝。西裝雖然源自歐洲，但現已成爲國際通行的正式服裝，是表示禮貌、尊重場合的一種方式。舊式西裝甚至有相搭配的帽子，男性可戴軟呢帽，而女性多戴大型圓盤帽。

新生針車行廣告招牌

日治時期
裁縫用模特兒架

布料陳列

蒸氣式熨斗儲水箱

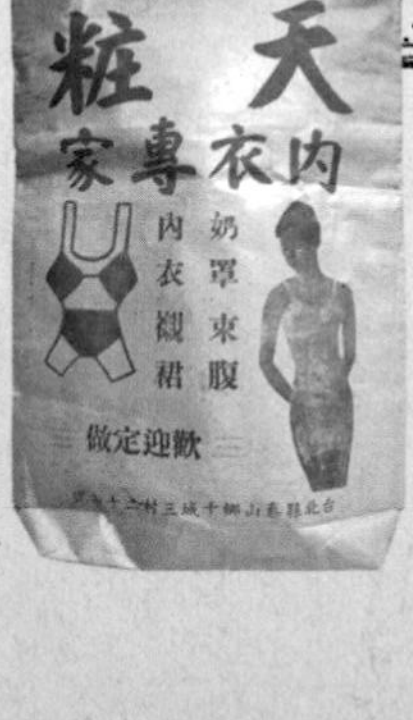

天妝內衣紙袋

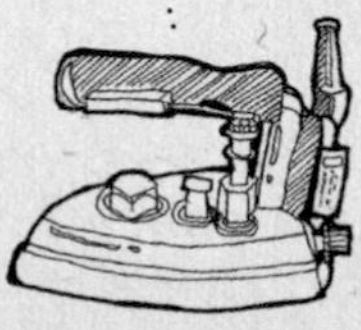

老熨斗

勤益紡織企業玩偶

裁縫車

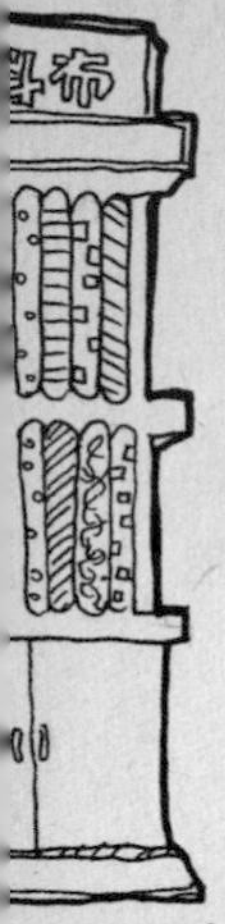

俗又有力的店名「金好穿洋行」。

【湯姆西服 SINCE1916】

台北市博愛路上，有家百年手工藝的西服店「湯姆西服」，店家創立甚早頗具歷史意義。

開店之初，爲了突顯自家禮服的西方色彩，於是老闆就地取用鄰居 TOM 先生的名字爲店名，並以「湯姆西服」爲店招，在 1916 年（民國 5 年）創立於上海霞飛路。蔣介石與宋美齡世紀婚禮中，蔣介石的禮服就是出自湯姆西服第一代掌門人之手。1946 年來到台灣，歷任台灣總統的西服也都出自湯姆西服名店，並由第三代負責人許金地先生所量身打造。湯姆西服店內有件鎮店之寶「蔣介石西裝」，在西裝內襯裡並繡有「蔣中正」三字，特別具有歷史意義。

聽阿爸說過，在阿爸小時候沒有多的錢讓他受教育，於是好學的阿爸，常在教室窗外偷聽老師講課，時間久了也就學會些簡單的文字。台灣光復初期，能夠讓孩童上學的家庭，表示家境尚可，但上學的孩童大都是打赤腳去上學的，即使後來教育部規定上學需穿鞋子，但孩童深怕把鞋子穿壞，只在升旗典禮時穿上，其餘時間則把球鞋掛在脖子上，形成有趣畫面。後來的製鞋廠商，生產一種以生膠製成的鞋底並搭配帆布鞋面，讓一般有就學孩童的家庭，可以用較便宜的價格買到鞋子。早期台灣知名品牌的帆布鞋即有：中國強、黑豹、双鏢、牛頭牌等。

洋裁補習班海報

永和西服西裝盒

王球襯褲包裝盒

裁縫店不只製作服飾，也做修改服務。

學生時期褲子不小心磨破了，也須上裁縫店修補。

早期的裁縫店，也賣學生制服或繡學號服務。

鞋子 / 西服 / 裁縫店的文物故事。

【中國強球鞋品牌故事】

中國強應該可以說是台灣第一雙有品牌的帆布運動鞋。早期中國強尚未問世之前，曾爲美國帆布鞋代工，於是有了製造生產帆布鞋的技術與經驗。由於 Converse All Star 的五星商標帆布鞋，在兩岸情勢緊張的政治禁忌之下或是在反共抗俄的年代裡，是不容許被消費者所接受的。於是中國強在民國 60-70 年代所生產的帆布鞋成爲學生市場的主流，加上黃俊雄布袋戲裡同名的主角「中國強」，這讓球鞋成爲家喻戶曉的知名品牌，當年的學生，要是沒穿這個牌子的球鞋，我想應該會被排擠吧！哈。

【台灣紡織業的鼻主——太子龍學生服】

太子龍學生服在民國 60-70 年代是台灣中小學生共同的回憶，當年的電視廣告或平面媒體都有它的蹤影。

民國 50 年代台灣紡織防縮水工程較不注重，因爲經過染整工程後布匹會縮水 2-3 碼布，於是染整加工前，爲了節省製衣成本，會先將胚布拉長 5-6 碼布以防縮水，也因拉布關係減少布料原有的彈性與強度，變得不耐洗不耐磨。

台南紡織提高成本，堅持品質保證，並申請註冊商標「太子牌不縮卡其布」。順勢推出「太子牌太子龍」品牌。當年的卡其制服內裡的浮水印商標，是下課後同學相互印證的經典戲碼，家境不優的張大衛買不起太子龍制服，僅能將次級的卡其服，利用自以爲是的繪圖功力，自行仿繪浮水印太子龍商標，然後辯說那是兄長穿過多年後換我穿，所以浮水印不清楚啦！

直到民國 80 年代台灣學生制服市場多元化，卡其服慢慢式微，台南紡織廠關閉布廠，太子龍才畫下輝煌的句號。無論結局如何，太子龍學生服的確在當時是個響噹噹知名品牌。

還記得太子龍電視廣告主題歌是這樣唱的：「磨不破，磨不破，太子龍不怕貨比貨；不會皺，不會皺，太子龍只怕不識貨。啦～啦～啦！太子龍、太子龍、強力太子龍學生服。」

【西服店櫥窗內的企業玩偶—— GTM 勤益羊】

勤益羊是勤益紡織的企業玩偶，出現多款不同造型。

GTM 勤益公司原創於上海。1951 年在現今新北市新莊區復建毛紡織廠，並向當時的台灣省建設廳申請成立「台灣勤益紡織有限公司」。除了生產羊毛商品中的羊毛被、羊毛內衣也生產羊毛西裝布，並提供代表勤益紡織出品的企業識別玩偶「勤益羊」給所販售該公司的西裝店，大部分的西裝店老闆會將大型的勤益羊與勤益出品的羊毛西裝布一起陳設於櫥窗內，小型的勤益羊則陳放於櫃檯或贈送給客人。

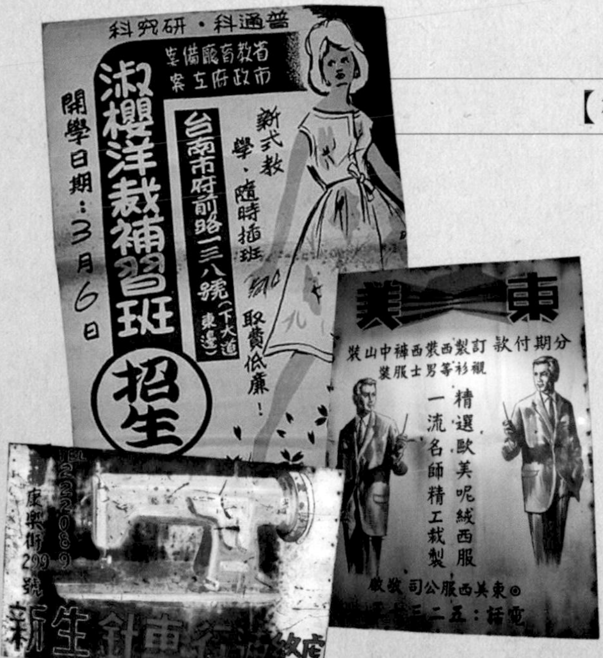

【復古招牌看板與手繪海報】

手繪的招牌看板百看不厭，在那種粗獷的鋁板上，展現畫家精緻的筆觸，很容易勾勒出我童年的街景回憶，讓我停下腳步駐足觀賞許久。「新生針車行聯絡處」招牌，便是有一回進入古董商店參觀時，足足花了近 20 分鐘觀賞，看久了感觸很深很有感情，最終掏錢買下，成爲館藏的一部分。

早期印刷技術尚未成熟，所以出現很多美輪美奐的手繪海報，這些經典的原版手繪圖，後來都成了收藏家眼中的寶貝。通常海報繪製完成後，轉交印刷廠印製，雖然是單色印刷，但因手繪功力了得，非常淺學易懂，也爲店家帶來許多實質上的廣告效益。

【生生皮鞋】

民國 50-60 年代台灣最有名的鞋店「生生皮鞋」。原本是在中國上海創立，台灣光復後遷移來台，剛開始門市設立於台北市北門平交道附近，店頭裝潢布置很具現代感，即使以現在的審美觀回看當時的商品布置依然不退流行。

生生皮鞋創造很多響亮的廣告詞「白皮鞋來了！請大家告訴大家」、「南北六家，一樣漂亮一樣好」、「企造足下美好」、「堅利可靠，到處聞名」。老照片櫥窗上的海報寫著「對足大還本，年度大請客」，那是一種零碼出清的手法，廣告詞相當具有殺傷力，很難不停下腳步試試自己的腳是否可以對足不還本。

當黃梅調電影《梁祝》風靡全台時，有趣的廣告詞是這樣寫的：梁山伯當時若穿「生生皮鞋」，就可趕在馬文才之前向祝英台求親了。哈！眞有趣！

【　鏢與黑豹運動鞋】

民國 50-60 年代的學生運動鞋，除中國強外，双鏢、黑豹都是當年學生的首選。有著箭頭商標的黑豹，廣告詞這樣訴說「靜如處子，動如黑豹」。用來說明動靜皆宜的運動鞋款，每雙售出的鞋子都會附送一個黃色專用袋，最常用來攜帶毛筆課的文房四寶工具或當便當袋使用。

双鏢運動鞋的負責人是李阿醜先生，當年除了自創品牌双鏢外，也代理製造有三片葉子的愛迪達鞋款。很可惜專注代理製造愛迪達後，較沒有考慮自創的双鏢品牌在台灣的經銷市場，以致於双鏢運動鞋退出球鞋市場，對於熱愛台灣製造的消費者，也是一大損失。

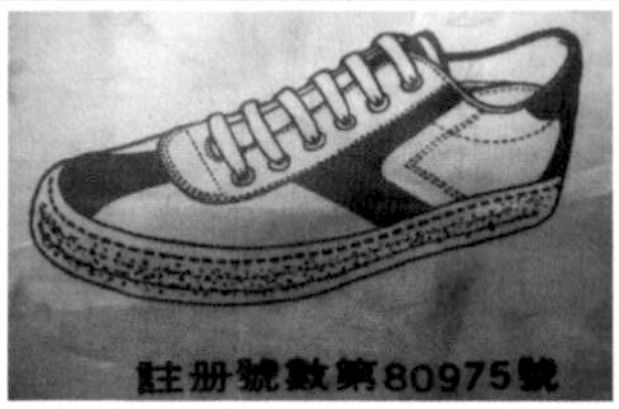

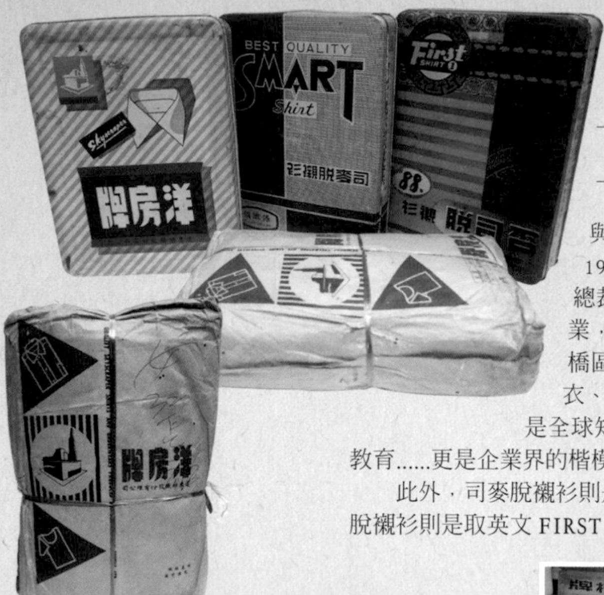

【鐵盒包裝襯衫】

洋房牌水泥一直很知名，洋房牌內衣與襯衫則是民國 50-60 年代的紡織品大牌。1945 年遠東集團創辦人徐遠庠（今遠東集團總裁徐旭東之父）於上海創立遠東紡織關係企業，1949 年隨政府撥遷來台至現在的新北市板橋區，生產洋房牌內衣及襯衫，後來的 BVD 內衣、美好挺襯衫也相當暢銷。現在遠東集團更是全球知名公司，跨足電信、銀行、飯店、建設、教育......更是企業界的楷模。

此外，司麥脫襯衫則是中國知名品牌，也是中國襯衫之父；否司脫襯衫則是取英文 FIRST 諧音爲品牌用名，意味著第一品牌之意。

【懷舊復古包裝盒】

用色鮮豔大膽，並在外盒附上手繪圖解說明商品內容，是早期包裝盒的特色。

「球王阿哥哥襯褲」應該是當年舞廳流行的舞步與國球發展的年代，球王商品名與精緻繪圖都讓人驚豔，這會讓人聯想跳阿哥哥與打棒球時，都應該穿上一件球王阿哥哥襯褲吧！

但也有些文不對題的包裝方式，「電話牌純棉織品」明明是賣純棉內衣，卻取名爲電話牌，並把外包裝盒繪上當時的老撥盤電話眞是有趣。「旭燕襯褲」所販售的是指冬天時，穿在外褲內保暖作用的衛生褲，但包裝盒卻像旭光牌的燈泡紙盒。

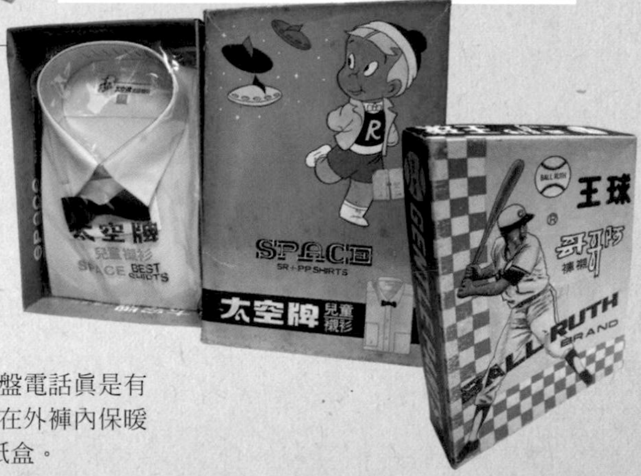

鞋子/西服/裁縫店夢幻收藏。

【中國強ㄤ仔標】

直徑約 5-7 公分，周圍有小圓齒狀，通常在正面印有卡通圖案，圓牌對角有「剪刀、石頭、布」、「撲克牌花色」、「12 生肖」、「象棋」等圖像，供孩童玩耍。

【中國強抽當】

依形式不同也有稱為抽抽樂或抽口，是博弈的一種型態童玩。

【中國強兒童拖鞋】

由於布袋戲熱潮，帶動一波中國強相關商品狂銷，其中兒童拖鞋印有中國強布袋戲也是熱門商品之一。

【中國強球鞋相關商品】

中國強創立於民國 56 年，是全國首創第一雙生膠大底專利的帆布鞋。當時台灣電視公司當紅節目「黃俊雄布袋戲」，製作單位特別以「中國強」同名塑造一位英雄主角，取名「中國強蒙面俠」，與劇中另一位主角「雲洲大儒俠史豔文」同場競技，並列雙主角成為劇中靈魂人物。

由於「黃俊雄布袋戲」的高收視率，中國強角色的商品因應而生，布袋戲玩偶/ㄤ仔標/ㄤ仔仙/抽當/兒童拖鞋/唱片……這些在民國 50-60 年代看似再平凡不過的玩具或商品，能夠遺留至今的都變成收藏家眼中的夢幻逸品。

【中國強蒙面俠／回力球手拍板】

指的是一種很像現在的乒乓球拍但尺寸稍小，並在板上綁上彈力線及固定一顆回力球，輕輕一拍及能回彈重複拍擊。中國強布袋戲的風行，蔓延至許多兒童商品，其中一種由日本傳來的遊戲「回力球手拍板」相當流行於民國 60 年代時的童玩，幾乎人手一拍，甚至有人還要集滿所有布袋戲人物造型的手拍板。

中國強迴力球拍

【史艷文與中國強】

民國 60 年代開始「雲州大儒俠史艷文」連續演出 583 集創下 97% 的高超收視率。

【生生皮鞋】1949- 迄今

民國 50 年代生產的生生兒童皮鞋保存至今，鞋品依舊光亮，搭配牛糞紙所製成的厚質包裝外盒，真是經典好看。

在還有打赤腳上學的年代，家境不夠富裕的孩童實在穿不起這樣高檔的鞋子。1952 年榮獲第一屆軍中文藝獎的林佛兒（林白出版社創辦人），當時的獎品就是生生皮鞋 600 元禮卷，可見生生皮鞋當年所代表的榮耀象徵。

近代生生皮鞋店招

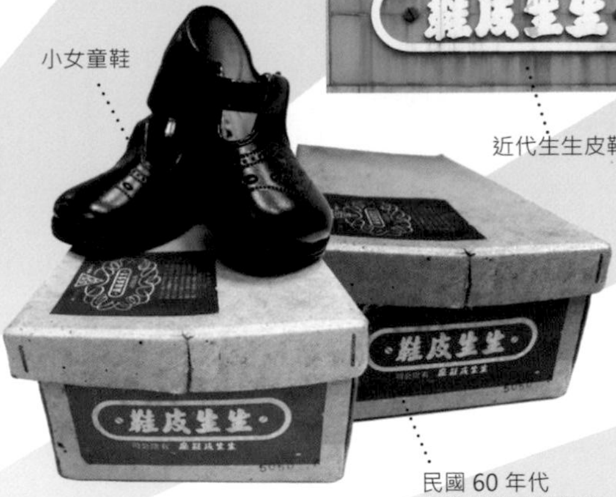

小女童鞋

民國 60 年代
馬糞紙製成的鞋盒

圓盤帽

木製人形模特兒

普普風腰帶

人型實木架

復古洋裝

【日治時期製衣模特兒架】

這是在一間廢棄的洋裝店拆除前搶救出來的紀念品，印象中裁縫老師傅就是用這具模特兒打造美美的洋裝。

在日劇《糸子的洋裝店》看過女主角（尾野真千子飾演）使用過它，並且入鏡多次。台灣在日治時期就有洋裝店或裁縫西服店，但店家數量不多，所以這底座由檜木所打造而成的打版用模特兒，更顯得彌足珍貴。

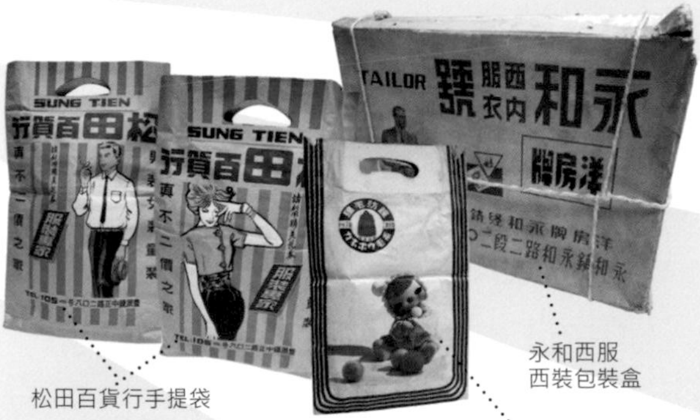

松田百貨行手提袋

永和西服
西裝包裝盒

鐘紡毛線手提袋

【復古包裝袋與西裝盒】

民國 50-60 年代的包裝袋大都由紙張製成，並印上精美的手繪圖，若是百貨行則會使用較高單價的四色印刷，一般小型商店則用單色印刷為主，紙張的材質以牛皮紙較多，但也有使用較便宜的馬糞紙作為包裝紙盒。

鞋子/西服/裁縫店手繪圖教學。

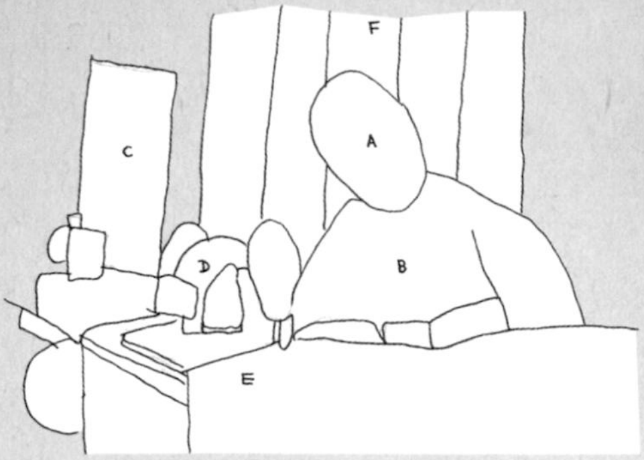

[step 1] 步驟一

1. 將平面式的場景，先區分爲前景、後景等兩區。
2. 前景區：A 人形頭部、B 人形身體部位、C 小招牌、D 裁縫車、E 工作檯。
3. 後景區：F 衣褲陳列架區。
4. 利用 HB 鉛筆輕柔繪製粗略的相關場景位置。
5. 區塊構圖先以鉛筆輕柔描繪，以利繪圖後多餘筆觸擦拭。

[step 2] 步驟二

1. 先將人物造型繪出頭髮、眼鏡、衣服中的領片、袖子及手部位置等。
2. 左方的小招牌寫上「修改」二字。
3. 再將裁縫車上的裁縫機粗略繪出具體形象。
4. 檢查相關場景位置、比例是否正確。

[step 3] 步驟三

1. 按比例原則，繪出人物臉部相關部位細節。
2. 將工作檯上的布匹繪出立體感。
3. 繪出後景區的衣褲陳列架上的西裝褲，先以三角形衣架爲頂，畫出吊掛的相關布料與褲子。
4. 後景區比例不應過大，並注意整張構圖場景，是由右至左慢慢縮景。

[step 4] 步驟四

1. 使用水性 0.1 針筆，開始描繪鉛筆構圖。
2. 裁縫車細部結構圖較為繁瑣，需注意線條分配，線條重疊易造成圖像模糊，應耐心繪製。
3. 後景區的西裝褲細緻化，營造整張圖面的豐富感。
4. 圖面左下第二輛裁縫車下方圓形連桿，需注意前後位置，方能使圖像更為精緻。

[step 5] 步驟五

1. 先將完工的成品手繪圖，利用影印機 COPY 出來，紙張需使用磅數較高的影印紙。
2. 使用水彩上色時，先以較輕淡的顏料上出第一層色系。
3. 依照相關場景色系，上出不同色塊的區域。
4. 影印的目的：避免水彩上色時，水性針筆的線條暈染開來，造成畫面污穢。
5. 選用磅數高的影印紙張的目的：上色時因紙張磅數較高，吸水性較強，以利重複上色。

[step 6] 步驟六

1. 當上完第一層相關場景色塊後，靜待 5 分鐘，讓顏料入色於紙張中。
2. 人物造型上的花襯衫，需利用不同深淺的色系線條，繪出花襯衫的立體感。
3. 裁縫車上色時，需注意光線的陰影面，較後方需上較深的色系。
4. 二次水彩上色完成後，再用針筆補足相關的線條，讓圖像更清晰亮眼。

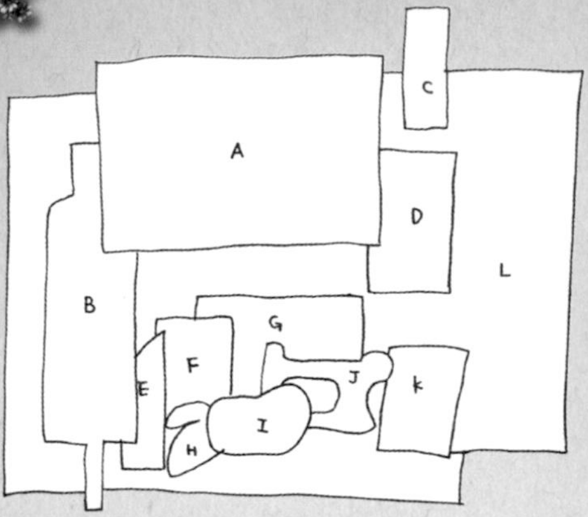

[step 1] 步驟一

1. 平面構圖展開，先將場景分為前、後兩場景。
2. 前場景：A 針車行廣告招牌、B 模特兒、C 蒸汽熨斗儲水箱、D 洋裁補習班海報、E 包裝紙盒、F 包裝紙袋、G 西裝包裝紙盒、H 裁縫車、I 勤益紡織企業玩偶（羊）、K 襯褲包裝紙盒。
3. 後場景：布料陳列櫃。
4. 使用 HB 鉛筆，先將各商品位置圖，依比例原則繪製。

[step 2] 步驟二

1. 確定各場景位置後，開始粗略繪製商品圖像。
2. A 針車行廣告招牌，需先繪製裁縫車圖像；D 洋裁補習班海報，繪製人物及預留文字說明位置。
3. B 模特兒身上繪製衣物，展現立體感；相關包裝紙盒，立體化繪製。
4. 後場景：布料陳列櫃，先繪出木板間隔。

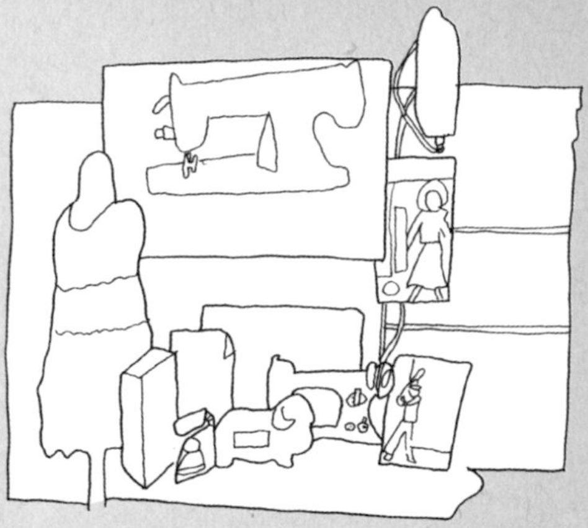

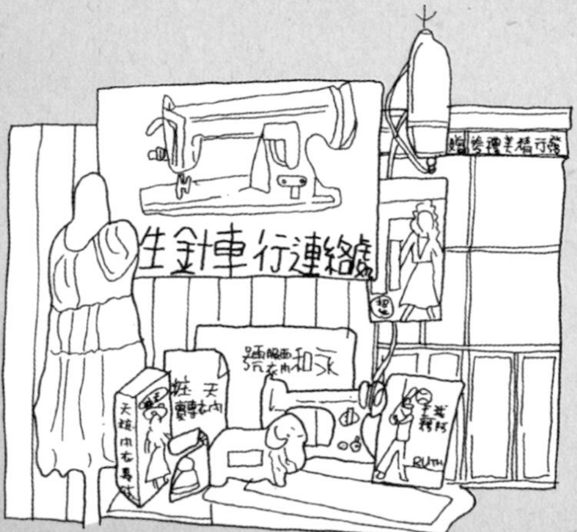

[step 3] 步驟三

1. 將前場景區的商品文件標註文字及書寫，先以鉛筆輕描標註位置即可。
2. 後場景中的木板背牆，及布料陳列櫃先行細部化繪製。
3. 由於前景區物件較多，需注意各商品間的比例及重疊部位，通常以前景商品壓後景商品為主。

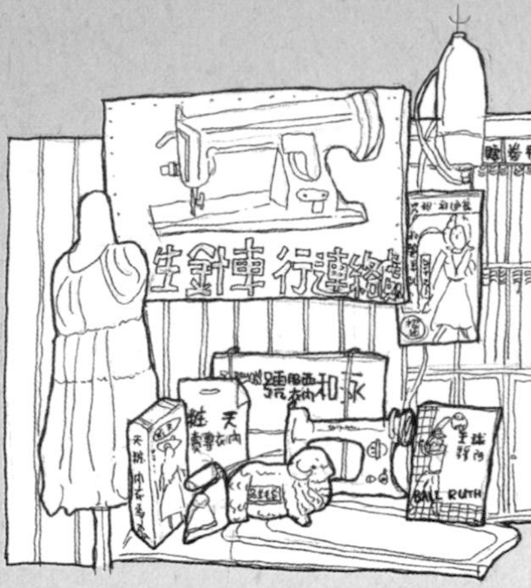

[step4] 步驟四

1. 線條精緻化繪圖開始。使用 0.1 及 0.3 水性針筆描繪
2. A 針車行廣告招牌，繪出釘痕及將廣告文字加上邊框；I 勤益紡織企業玩偶（羊），繪出羊毛線條。
3. K 襯褲包裝紙盒，繪出人物與紙盒底圖前後關係，並加註文字。
4. G 西裝包裝紙盒，繪出紙盒上的包裝繩帶。

[step5] 步驟五

1. 先將完工的成品手繪圖，利用影印機 COPY 出來，紙張需使用磅數較高的影印紙。
2. 使用水彩上色時，先以較輕淡的顏料上出第一層色系。
3. 依照相關場景色系，上出不同色塊的區域。
4. 影印的目的：避免水彩上色時，水性針筆的線條暈染開來，造成畫面污穢。
5. 選用磅數高的影印紙張的目的：上色時因紙張磅數較高，吸水性較強，以利重複上色。

[step6] 步驟六

1. 上完第一層相關場景色塊後，靜待 5 分鐘，讓顏料入色於紙張中。
2. 前場景中各商品物件相互重疊所產生的遠與近的距離感，可用較深的色系來表達較近的商品。
   PS：商品較遠時，可選擇較淺的同色系繪出。
3. 在彩繪圖的最外框，以極淺灰帶過邊框，可使構圖衍生立體感。
4. 二次水彩上色完成後，再用針筆補足相關的線條，讓圖像更清晰亮眼。

台湾でラインデパート

台灣百貨行

1932 菊元百貨店。

台灣第一家百貨公司 / 菊元百貨店。

民國21年(1932)日本人"重田榮治"在現今的台北市衡陽路與博愛路口,開設了台灣有史以來第一家百貨店【菊元百貨店】。故菊元百貨店,可說是台灣百貨公司的始祖。

重田榮治在26歲那年以棉布批發在台創業,由於經營有成且具生意頭腦,無意間獲知日本內地高島屋與三越兩家大型百貨有意來台開店,於是在此之前,提早開設全台第一家百貨店—【菊元百貨店】。百貨店樓高6層,外加頂樓瞭望臺,共計7層,故當年對於菊元百貨店這棟建築物又稱為【七重天】。在當時七重天已是全台最高的建築,而內部更設有【流籠】,即現在的電梯,電梯內並設有專人服務的電梯小姐。

不過還在牛車滿街跑的年代,能夠有能力入店消費者,大都還是日本人或家境相當富裕的台灣人,1939-1945二次世界大戰,戰後菊元百貨店由中華民國政府接收,並改名成為【台灣中華國貨公司】,我還滿喜歡這個好愛國的公司名稱。

DATE/ NO/

"百貨公司"是1895-1945日治時期，開始興起的行業，當時台灣北部與南部都有相當知名的百貨店，分別是1932年的台北菊元百貨店、1932年的台南林百貨店與1941年的高雄吉井百貨店。

在尋求台灣百貨店相關資料時，曾訪談過一位較高齡的長者，老奶奶回憶著說，當年她國小的畢業旅行，就是全班參觀位於台南中山路上的林百貨店喔！

1932 年台北菊元百貨

1941 年高雄吉井百貨

新建成百貨行。

【圖解百貨行的型態與配置】

「百貨行」像是一個百寶箱，店內販賣著人們一生所需的用品，就連阿嬤變美麗的祕密「椪粉」也有販售，還有阿公種田時所穿的「足袋」或稱「忍者鞋」都有在賣，或許民國 60 年代的百貨行就像現在的拍賣網站一樣，什麼都有賣，什麼都不奇怪。

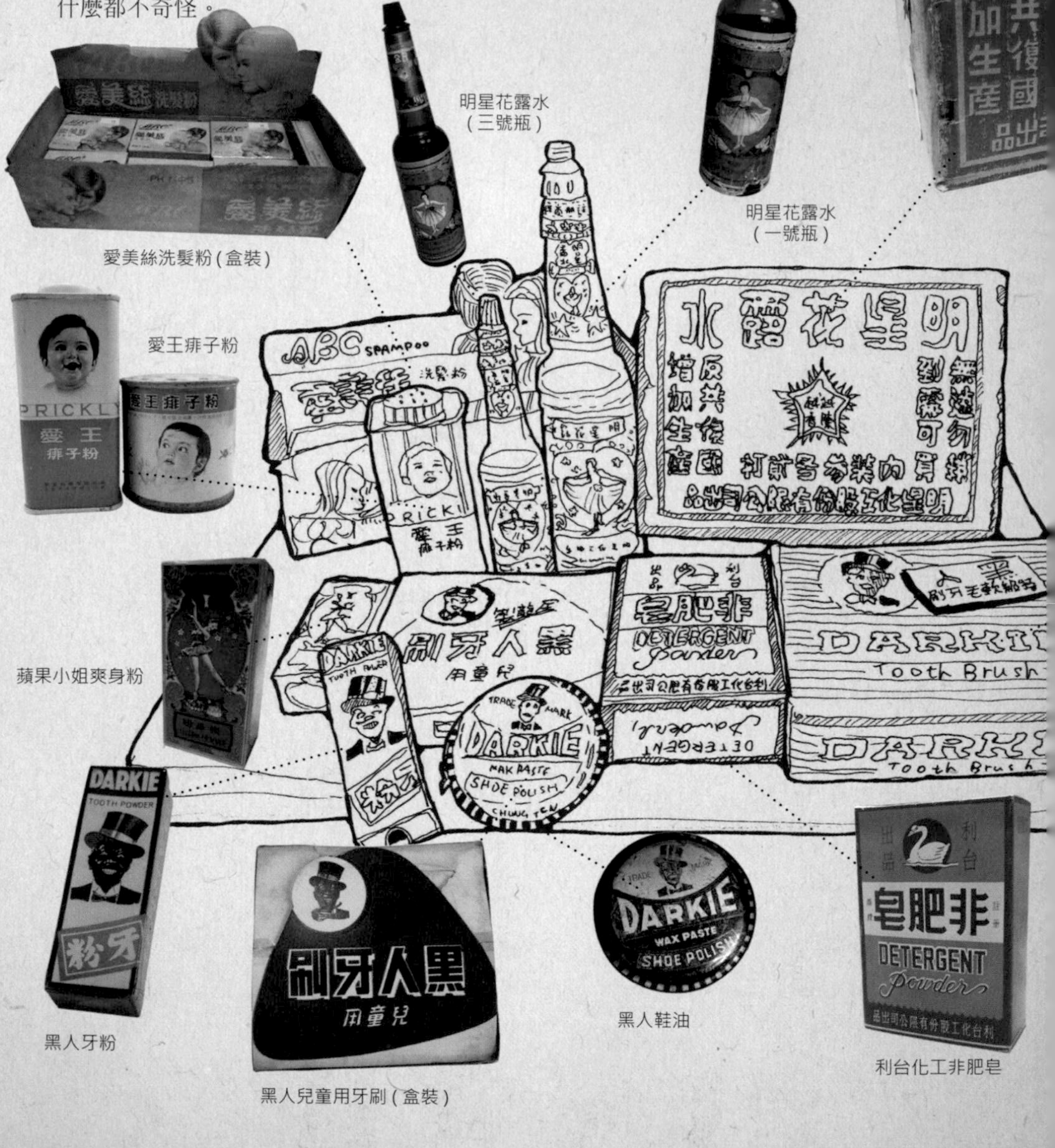

愛美絲洗髮粉(盒裝)

明星花露水(三號瓶)

明星花露水(一號瓶)

愛王痱子粉

蘋果小姐爽身粉

黑人牙粉

黑人兒童用牙刷(盒裝)

黑人鞋油

利台化工非肥皂

【新建成百貨行】

百貨行創立於民國42年，位於平溪老街內，入店之初，彷彿進入時光隧道，店內商品何止百樣。對於喜愛收藏懷舊文物的張大衛來說，簡直是如獲至寶，除購物外也和店主老阿嬤聊天，傾聽她說「新建成百貨行」的故事。

當年由於礦業商景繁榮，出入平溪的工人多，原本只是單純的住家並加賣部分零星日用品，隨著生意漸入佳境，於是擴大經營成為百貨行。販售商品琳琅滿目，小至別針大至寢具應有盡有。老阿嬤帶著親切靦腆的笑容說：由出生至往生，一生之中所需商品皆有販售。物換星移，礦業沒落、人口外移，取而代之的是觀光帶動人潮，平溪老街依舊熱絡。這家屆滿60年的百貨行依舊屹立不搖繼續經營著，商品之多，如同門口那塊解說牌所云：「亦即由下凡至升天，皆一俱全」，眞是有趣。

在收藏懷舊文物過程中，老實說很難區分百貨行與柑仔店的文物差別。因為百貨行的商品類別範疇實在過大且包羅萬象，唯一與柑仔店較不同的是「食品類」這個商品項目。自從1965年由天工實業公司所設立的「天工供應站」在台北市衡陽路上的建新百貨公司開幕後，這種由小型玻璃櫃組成的小百貨商品，也紛紛進駐部分地區的柑仔店，並形成了柑仔店賣百貨行商品的有趣現象。

明星花露水參號
24瓶裝外包裝

人特級軟毛牙刷(盒裝)

天工供應站

民國42年開設至今的新建成百貨店。

老玻璃櫥櫃內販售著各式百貨商品。

服飾販售也是早期百貨店的營業項目之一。

生活小用品是百貨店的基本商品。

百貨行的文物故事。

【非肥皂／汰漬洗衣粉／玫瑰洗衣粉／白蘭洗衣粉】

「非肥皂」爲利台化工所製，是台灣第一包洗衣粉，由於粉末式的肥皂，改變了台灣人洗衣方式，進而帶動台灣洗衣粉市場，因產品過於熱銷，馬上成爲美國 P&G 覬覦的對象，爲了避免兩敗俱傷，經過政府協調之後，利台便於民國 51 年，擬合約三年之內賣給 P&G。當年身爲利台業務經理的洪老典，爲了安插部分員工的退路，另外以利泰公司爲名，專門代理 P&G 的「汰漬洗衣粉」，不甘於只是代理商的洪老典，看好台灣洗衣粉市場的發展潛力，於是成立國聯公司並生產「玫瑰洗衣粉」，但因知名度不佳造成銷售量極差，當年正好碰上電影《玉觀音》的上映，該片女主角的藝名就叫「白蘭」，於是玫瑰洗衣粉重新命名「白蘭」爲新品牌，還去申請專利，並邀請白蘭小姐擔任代言人，民國 58 年「白蘭洗衣粉」從此奠定品牌名稱。

【天香雪泡洗衣粉】

民國 60 年代雪泡洗衣粉的銷售業績，已經躍居全台第一，更贏過了外商的汰漬洗衣粉。業績能夠如此亮眼，完全是因天香化工直接面對消費者，並著重與零售商建立情誼所致。民國 66-67 年間，天香雪泡公司用了三部車，跑遍全台，並採取當場銷售，現場抽獎，而且不管獎項大小，一定人人有獎。這種親民的銷售方式，很快的奠定消費者心中的品牌形象，不僅如此，對於經銷商則每年舉辦一次 10 多天的「雪泡大會」，分別招待全台灣各地的數千家零售商參觀工廠及餐敘，利用產量增加及設備擴充的事實，增進零售商的信心，同時也增進了雙方情誼。

【明星花露水／爽身粉】

1907 年，周邦俊醫師於上海摻以酒精加上茉莉、玫瑰等多種花香精調配而成花露水。1929 年，由長女周文璣接手經營並創辦明星香水肥皂廠，並將化妝品部門獨立成公司，以大量生產與擴大經營。之後因為國共內戰，周家財產充公，1949 年周文璣以結束香港的倉庫為理由，帶著配方輾轉逃到香港，而後再到台灣。民國 62 年在台灣成立明星化工股份有限公司，生產花露水與爽身粉，一推出即風靡全台，在民國 60-70 年代為女性的必備品，綠色玻璃瓶的花露水成為當代妖嬌美麗的代表。明星花露水起初是當香水用，因酒精濃度高，也被用在其他用途，民國 92 年台灣爆發 SARS，明星花露水因為酒精濃度約 73%，與稀釋後的消毒用酒精相近，當時也爆發了一股熱賣潮。

【痱子粉】

小時候家庭環境較差，母親害怕小孩長痱子，在洗澡後一定會用痱子粉塗抹一番。早期台灣社會文盲者多，目不識丁的母親通常是看包裝盒購買，包裝盒的圖案越精緻美觀，表示產品品質越高，我母親一直這樣認為。隨著產品多元化，製造痱子粉的廠商增多，於是痱子粉美麗包裝或畫有可愛卡通圖樣的鐵盒與紙盒，成為我另一收購典藏的元素。痱子粉又叫爽身粉，爽身粉的主要成分是滑石粉、硼酸、碳酸鎂及香料等。爽身粉除了能吸收汗液，滑爽皮膚，也可減少痱子產生。沐浴後塗抹上即給人舒適芳香的感覺。

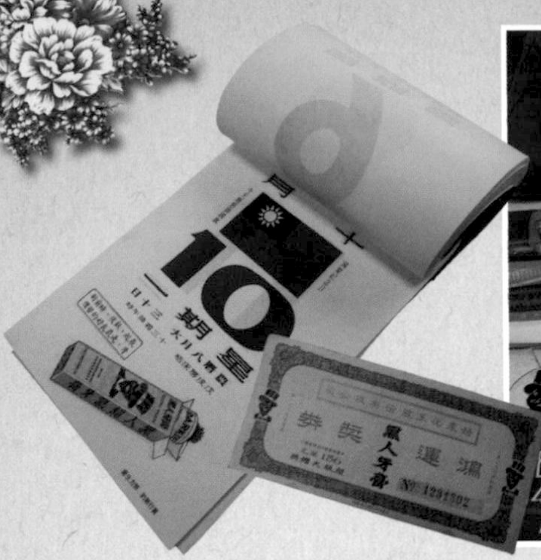

【「黑人」系列商品】

「黑人」品牌不只賣牙膏，民國 50-60 年代的「黑人」商品繁多，牙膏、牙粉、牙刷、鞋油、獎卷、日曆……不同時期的「黑人」商標有著不同的「黑人」人像改變，不同的「黑人」圖像是大衛喜愛收藏的原因，也見證了好來化工演變的歷史過程。擁有六十年的老品牌，「黑人」牙膏於 1933 年成立於上海，並在 1949 年在台灣開始營業，定名為好來化工有限公司，當時的工廠暨公司設於台北市康定路。1957 年擴大為好來化工股份有限公司，1959 年建新莊廠生產牙膏類產品，「黑人」牙膏自此成為市場領導牌逾四十年之久。

【牛頭牌忍者鞋——足袋】

日語稱足袋「たび」= 裝腳的袋子 = 襪子。由於早期的襪子是由皮革製成，所以足袋也代表了鞋子之意。另一種說法是指分趾鞋襪，或稱二趾鞋襪，是腳拇指與其餘四趾分開的鞋子和 襪 子。由於這種鞋款抓地力強且耐穿不易損壞，非常適合農夫、工人使用，是在日治時期，人們勞動時很常穿的鞋款。

1945 年戰後，牛頭牌老創辦人王金樹先生，買下日本人的製鞋設備，開始生產第一雙牛頭牌足袋。至今這雙類似忍者所穿的足袋外盒與包裝袋上還印著「中日技術合作製造」。牛頭牌公司現今依然生產這型鞋款，據百貨行老闆轉述，非常受日本觀光客喜愛，大都因典藏回憶而買回日本收藏。

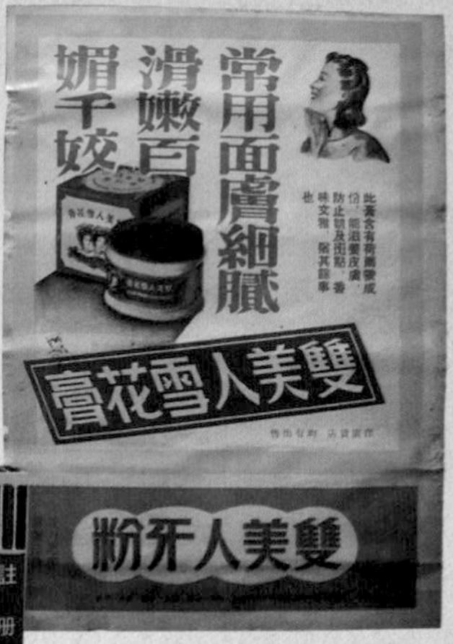

雙美人雪花膏海報

【阿嬤美麗的祕密——樜粉】

樜粉是早期台灣女性最常用的化妝品之一，化妝在現代而言是一種禮貌，但在清貧的年代裡，那是一種高級的化妝品。樜粉是以石灰石研磨成粉末並加入香料加工所製成的香粉，這種帶有香氣的粉末就叫做樜粉，類似現在的化妝粉餅。樜粉在現今的女性朋友已經很少使用，大都是街頭挽臉工作者爲客人挽臉時使用，或是阿嬤拜「七娘媽」時桌上的貢品。新竹地方有句俚語「愛抹新竹樜粉，臉白肉幼著夠本」，即用來說明新竹是當年生產樜粉的重要鄉鎮。

【口香糖販賣機】

自動販賣機的發明，早在一世紀以前就有，那是一種投幣後，販賣一定數量的聖水的機器。日本更是自動販賣機使用的大國，最古老的自動販賣機是由俵谷高七於 1904 年所發明的自動郵票、明信片販賣機。美國的自動販賣機主要則是售賣零食和飲料。台灣大約在民國 60 年代後，由日本傳來這種不必人工銷售的自動販賣模式，早在面紙自動販賣機之前，口香糖販賣機先行推出。當投入硬幣後，先行選擇口香糖口味，按下按鈕後即由左下方出口取出。

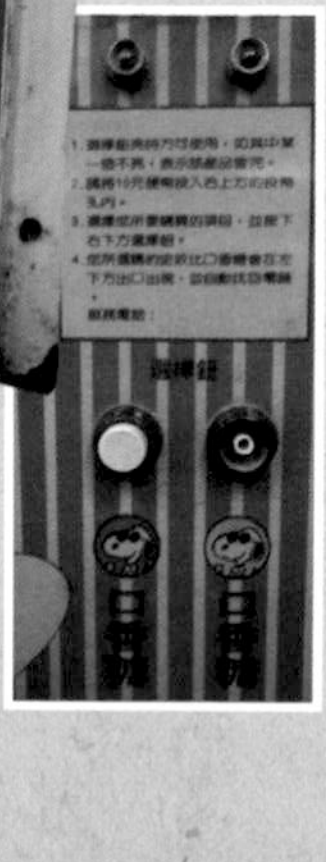

百貨行夢幻收藏。

1949-1988 年「DARKIE 黑人」

1989-2013 年「DARLIE 白人」

【「黑人」牙膏／不同年代圖像與字樣】

身為第一品牌的「黑人」牙膏，在民國 78 年為擴大國際市場及避免種族歧視議題，將英文名字「DARKIE」改成「DARLIE」，隔年進一步全面更換黑人頭像，以更現代、活潑的面貌與消費者見面。

【明星爽身粉／蘋果小姐爽身粉】

雖然同樣是爽身粉包裝，但整體色調與圖騰都極為相似，這是台灣民國 50-60 年代特有的類似包裝，直到商標法規範後，雷同包裝商品才稍作停歇。

明星爽身粉：女明星樣式／星星／愛心造型外框

蘋果小姐爽身粉：女芭蕾舞者樣式／花瓣／蘋果造型外框。

【非肥皂／菲皂粉】

民國 50 年代由於利台「非肥皂」的熱銷，很快的受到其他相關化工工廠的覬覦，並爭相效仿，不僅色調與書寫字體雷同，就連商標圖騰上的天鵝與鴨子也極為相似，真是有趣。

「菲皂粉」美華化工「鴨子」商標

「非肥皂」利台化工「天鵝」商標

【貝林爽身粉】

為皇家化學廠所生產，於 1951 年創立，創辦人周至宏先生原為上海華興百貨負責人，1948 年與夫人周柴新英女士來臺灣落籍台北市。

民國 53 年出品的貝林爽身粉，圖騰為東方美女圖包裝

民國 102 年出品的復古鐵罐包裝，圖騰為西方美女使用爽身粉圖樣

人人公司手提袋

第一公司特級市場手提袋

【百貨公司手提袋】

台灣 50-60 年代百貨公司手提袋，大都以牛皮紙為底，再加上單色印刷公司商標為主。

第一百貨為民國 60 年代開幕。人人百貨為民國 61 年在台北市中華路一段 90 號開幕。

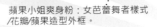

【明星花露水外箱包裝字樣】

時光背景不同，明星化工對於外包裝箱的標語註解也不同，企業見證了不同年代的台灣政治立場。

現今標語「和諧團結/生產報國」

民國 50-60 年代標語為「反共復國/增加生產」

【黑人牙膏日曆】

民國 77 年黑人牙膏發行日曆贈予消費者，由於完整性極佳僅於典藏觀賞用。

單頁日曆下方為「黑人」牙膏商品廣告，並在左上方印有刷牙的好處相關標語。

【白蘭洗衣粉 / 雪泡洗衣粉】

民國 60 年代的國聯化工的白蘭洗衣粉，與天香化工的雪泡洗衣粉，兩品牌競爭激烈，就連外包裝也非常類似，好像洗衣粉一定就是紅、藍、白三色為基本包裝用色。

天香化工的雪泡洗衣粉

國聯化工的白蘭洗衣粉

百貨行手繪圖教學。

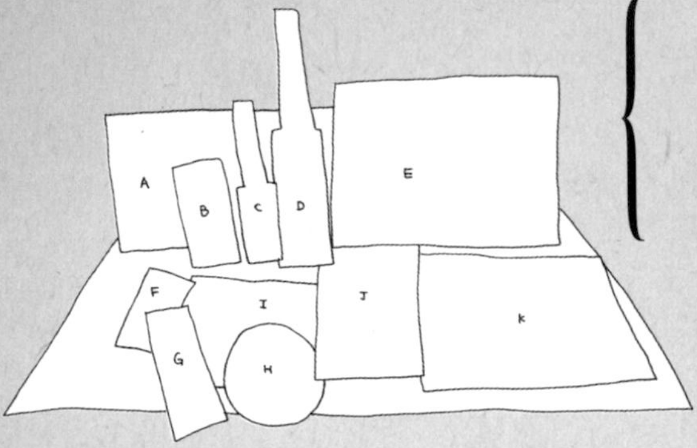

[step 1] 步驟一

1. 將所有商品A、B、C、D、E、F、G、H、I、J、K粗略的位置，依比例大小繪製於紙張上。
2. 以HB鉛筆輕柔描繪，以利繪圖完工時，較易擦拭。
3. A愛美絲洗髮粉、B愛王痱子粉、C花露水參號瓶、D花露水壹號瓶、E明星花露水紙箱、F蘋果小姐爽身粉、G黑人牙粉、H「黑人」鞋油、I盒裝「黑人」兒童牙刷、J非肥皂、K盒裝「黑人」軟毛牙刷。

[step 2] 步驟二

1. 將已區分好的商品配置圖繪製成立體圖形，已確立實際畫面位置。
2. F、G、H、I、J、K為前景圖。
3. B、C、D、E為中景圖，A為後景圖。
4. 因商品多元，繪製時須注意商品間的大小比例關係。

[step 3] 步驟三

1. 各商品內部圖案繪製與文案位置書寫。
2. 繪製內部圖案時，建議繪製順序為：後景圖－中景圖－前景圖。
3. F蘋果小姐爽身粉、G「黑人」牙粉、J非肥皂等，屬立體圖面，需注意書寫及圖形的部分仰角畫面。

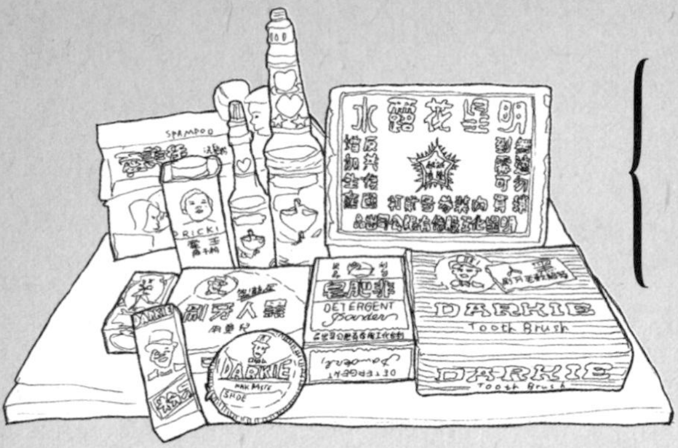

[step4] 步驟四

1. 將各商品的品名文字部分，畫成空心字。
2. 精緻化各商品內部相關圖形線條。
3. 擦拭掉多餘的鉛筆線條，僅留確認線條於紙張上。
4. 使用 0.5 水性針筆將各商品外框描繪，已呈現各商品的精緻度。

[step5] 步驟五

1. 進行精緻化圖文繪製工程。
2. 因商品線條極為細緻，建議使用 0.1 與 0.3 水性針筆繪製。
3. H「黑人」鞋油：商品鐵蓋外框處，繪製黑白相間色塊。
4. G「黑人」牙粉、K 盒裝「黑人」軟毛牙刷：「黑人」商標色塊繪製。

[step6] 步驟六

1. 水彩上色前，先將針筆原稿進行 COPY 複製，並以複製的稿件進行上色。
2. 將各色塊上第一層較淺淡色系水彩於圖畫中。
3. 確認光源方向，繪製各商品因光源照射所形成的陰暗面，並在陰暗面處加深顏料塗繪上色。
4. 水彩上色會略為覆蓋原先針筆線條，需再次用針筆進行黑線補強。
5. 完工。

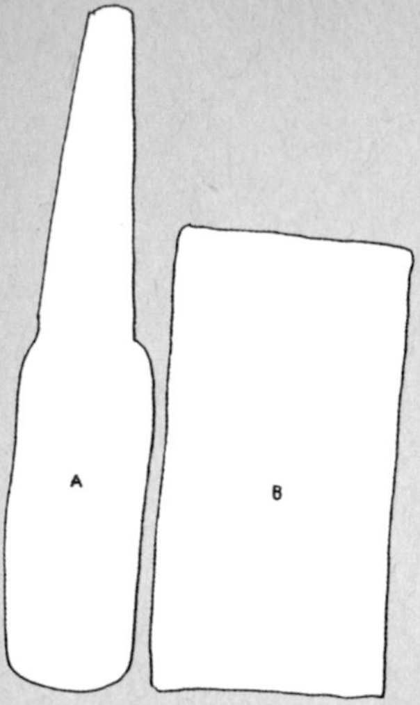

[step 1] 步驟一

1. 將平面紙張區分 A、B 兩區，並將明星花露水與明星爽身粉外框粗略畫出。
2. A 明星花露水瓶裝、B 明星爽身粉紙盒裝。
3. 粗略外框繪製時，先以 HB 鉛筆輕柔繪製即可。
4. 繪製外型框時，需注意比例大小是否正確。

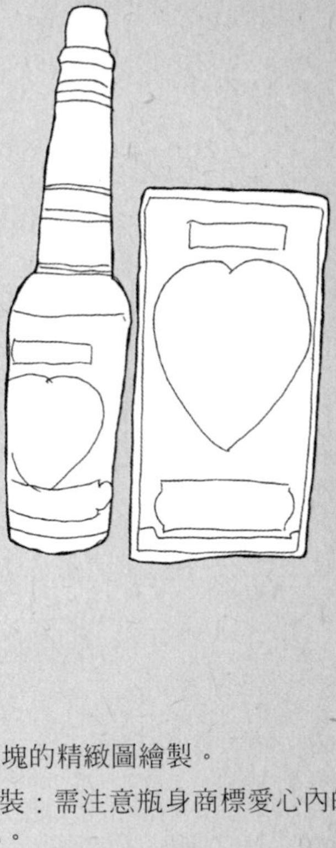

[step 2] 步驟二

1. 將 A、B 兩商品的內部粗略圖繪出。
2. 繪製 A 明星花露水瓶裝時，需注意瓶身與商標紙張的角度繪製。
3. 繪製 B 明星爽身粉紙盒裝時，因屬正面圖，僅需注意各商標圖塊的大小配置即可。
4. 再將多餘鉛筆線條擦拭，確立實際繪製細緻圖的區塊。

[step 3] 步驟三

1. 進行相關商標區塊的精緻圖繪製。
2. A 明星花露水瓶裝：需注意瓶身商標愛心內的小女生比例大小。
3. B 明星爽身粉紙盒：需注意商標小女生及紙盒周圍的花草圖案配置，比例與線條都應細心繪製。
4. 再次檢查兩商品商標內的構圖比例是否正確。

[step4] 步驟四

1. 商標文字預留與書寫工程。
2. A 明星花露水瓶裝：瓶身浮水印凸字商品名與紙標上的商品名，排列方向不同。瓶身凸字爲由右至左，紙標字爲由左至右。
3. B 明星爽身粉紙盒：因書寫面積不大，需注意各字間的間隔，避免字跡線條重疊而變成模糊。

[step5] 步驟五

1. 進行水性針筆描繪工程。
2. 使用 0.1、0.3 及 0.5 等粗細不同的針筆，將已完成的鉛筆主體圖小心描繪。
3. 兩商品的內部圖非常繁瑣精細，僅以 0.1 的針筆輕觸描繪，避免不同線條相互重疊。
4. 擦拭鉛筆所有線條，僅留針筆實際線條，並檢查是否有遺漏線條未畫。

[step6] 步驟六

1. 將針筆原稿圖 COPY 後，準備進行水彩上色。
2. 將兩商品共同色（綠色）較多處，進行第一層上色。
3. 約莫 3-5 分鐘後，再依光源所造成的陰影面，進行部分色澤加深。
4. 依序將不同色系的區塊上色。
5. 完成主體圖後，可在商品背後繪製影子，以增加商品的畫面立體感。

台湾の古い薬局

台灣老藥房

守護鄉里的健康。

DATE/ NO/

慈烏反哺 懷童年

念小學的大衛,常用「身體不舒服」或「肚子痛」逃避上學,尤其是假期過後週一的假日症候群,常讓母親擔心不已。【暮帝納斯】與【綠油精】是我家的必備良藥,更是童年期伴我逃課或賴床多次的家庭用藥,或許是報應,現在讀小學五年級的兒子也常用這招數對付大衛爸爸,只是魔高一丈的我會說:『待會看醫生時會先打止痛針喔!』讓他無法得逞。

有一次學校突然電話打來,緊急通知女兒在學校運動時,不小心摔斷手臂,大衛放下手邊工作連忙趕至醫院,初入急診室看見女兒哭紅著雙眼及手臂包裹的傷情,頓時之間心如刀割心痛不已,或許這就是親情之中感同身受之意,這個情景讓我回想童年裝病逃課,讓母親擔憂的樣子,實在倍感羞愧。

父母對於子女的養育之恩,護身之情常溢於言表,身為人父多年的大衛方能體會,很可惜慈烏反哺之情對我而言是一種感念,卻也是一種缺憾。

收藏台灣老藥房相關元素多年，想呈現一間完整又豐富的藥房情境，在收藏過程中，常可見到前人的智慧，在文盲者較多的年代，能夠利用圖解說明，在藥包外盒上繪製一幅幅表情生動的樣式，讓患者可以迅速知道如何用藥。

最愛寄藥包上繪滿各種人物臉部表情或肢體動作，不僅生動活潑有趣，更讓人急欲典藏。對我而言這些繪圖比梵谷的"麥田"或"星夜"等名畫更加經典，我想，在未盛滿【老台灣文物】器皿之前，持續保存並收藏台灣文物是大衛一定會做的事。

濟仁救世，爲善最樂。

【圖解老藥房商品】

阿桐伯是台灣知名的藥廠，他的廣告詞「濟仁救世，爲善最樂」一語道盡行醫者最佳寫造。由於科技發達，醫藥技術也更科學、進步，人類的壽命也因此增長。

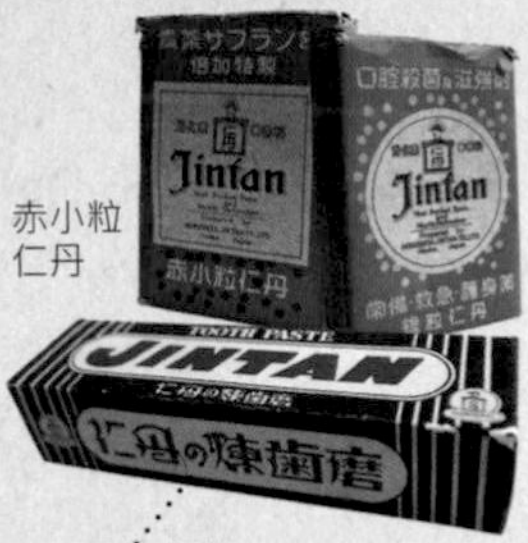

赤小粒仁丹

銀粒仁丹

仁丹煉齒磨

仁丹木牌

仁丹資源回收桶。早期資源匱乏，故仁丹公司提供資源回收桶，回收可用物品再製，以回饋社會。

仁丹煉齒磨木盒

愛兒菜

健民寄藥包

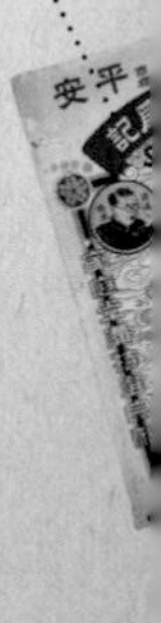

【懷舊美學寄藥包】

在很多年前收藏過程中，曾經在阿嬤的衣櫃中，收藏到一個仁丹小藥盒之後，於是很好奇台灣早期醫藥方面的資訊，但收藏這檔事，就像炎日下著火的稻草，一發不可收拾。從原先的小藥盒到裝藥盒的木盒，以及同類型的其他相關的藥品，由點至面全面收藏。

在懷舊美學的觀點之下，早期的手繪藥品圖說的包裝盒，是我最熱衷收藏的藥品之一，因民國 50 年代台灣鄉村文盲者多，有時身體不舒服，但村落裡並沒有醫院或藥局，依靠的只有藥商業務所提供的寄藥包。寄藥包裡放著各種圖解說明的藥品，例如畫著一位孩童上茅廁，表示是專治下痢腹痛的「暮帝納斯」；若是手摸著頭的圖像，就是用來治發燒頭痛用的，或是扶著腫脹的臉龐則是牙痛時使用。最有趣的是氣喘用藥，畫「蝦」、「龜」、「掃把」三種圖像，代表著台語發音的蝦龜嗽（氣喘）用藥，相當有趣。

除了日治時期到民國 50-60 年代的寄藥包，還有一些 60 年代以後的精緻美麗圖像鐵盒，如「愛兒菜」鐵盒上的老虎與嬰兒圖像，藥商應該是想表現吃了該藥品，能使嬰兒健康活潑之意吧！還有至今都享負盛名的「阿桐伯」與「黑矸標驚風散」，都是有著鮮明圖像商標，讓收藏家們愛不釋手。

黑矸標驚風散

可果肝油糖球

瑞昇寄藥包
風熱散包裝

瑞昇寄藥包
麒麟包裝

在鹿港小鎮上樸實的「東亞藥局」。

艋舺剝皮寮內的「老永茂西藥房」。

檜木製成的老櫃子，早期西藥房用來陳列藥品。

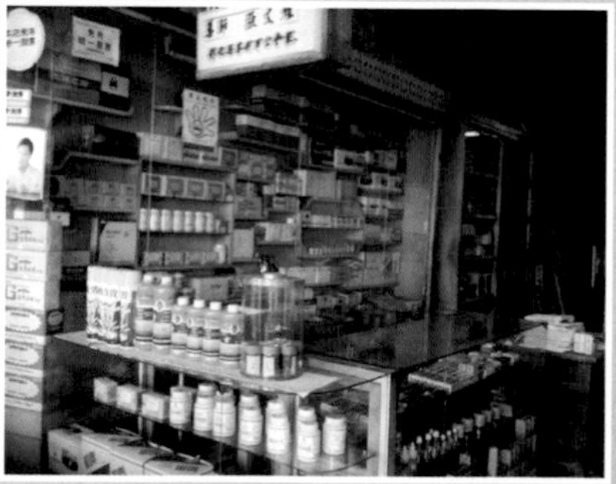
童年時受傷或感冒，都在這種小藥房打針吃藥。

老藥房的文物故事。

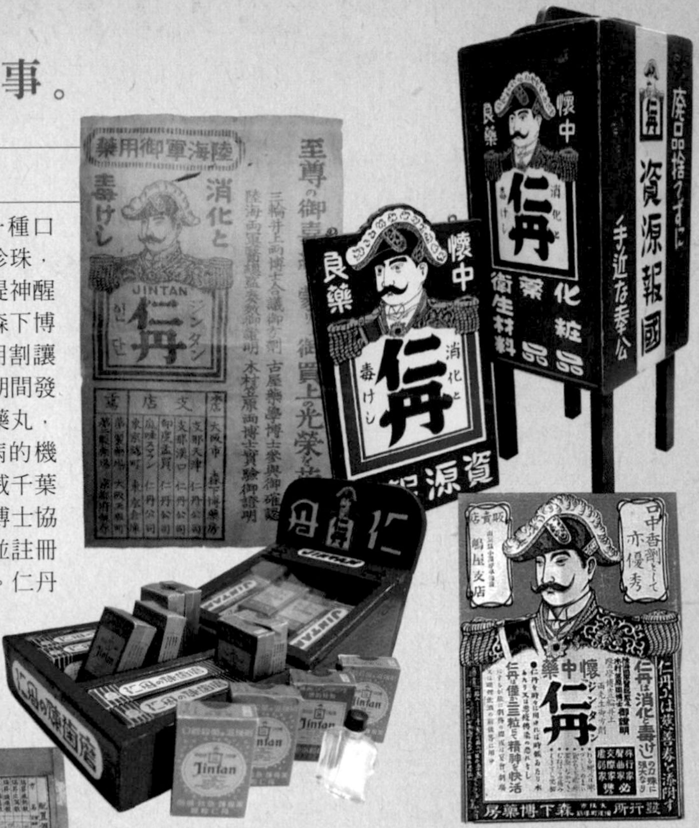

【森下仁丹】

仁丹於 1905 年上市，是一種口服成藥，藥品形狀很像微小的珍珠，直徑約 2 公釐，味道清涼，有提神醒腦、消毒殺菌的功效。日本人森下博在 1895 年甲午戰爭後，因清朝割讓台灣，隨日軍來台駐守，在台期間發現，台灣人會含著一種清涼的藥丸，而且可能因此降低了感染疾病的機會。回日本後結合當時藥學權威千葉藥專的三輪德寛與井上善次郎博士協同開發，完成了仁丹的配方，並註冊穿著大禮服的軍人爲藥品商標。仁丹在當時有如萬靈藥，所以有人譬之爲「日本的阿斯匹林」，也有人誇稱爲「神丹」。

【寄藥包】

日治時期到民國 60-70 年代，「藥包袋」的特殊行銷方式相當盛行，原因出於當時的醫療設施缺乏，就連現今滿街的西藥房在那時也非常稀少。於是民眾不小心生病或感冒，都需這種家庭藥包袋解救，爲了擔心有民眾因不識字而吃錯藥，藥品的包裝上還會貼心的以圖案來顯示其用於什麼症狀。其實在文盲居多的年代對於藥品劑量的使用，是有一定的危險性，還好民國 80 年代以後，隨著藥房林立，寄藥包的年代慢慢走入歷史，民眾轉而向學有專精的藥事人員購買藥品。

左右圖片來源：阿源哥哥「企業玩具廣告人形館」

【可果肝油糖球】

由新中國工業公司出品，是種預防孩童眼睛近視的眼睛營養素。主要成分是由魚肝油抽取有效的維他命 A、D 成分製成，用來幫助孩童增強視力、強壯骨骼的營養劑。爲了降低魚肝油本身的腥味，廠商特意製成孩童們喜愛的草莓口味，小時候不懂那是保健藥品，常隨手拿來當軟糖吃。

大盒裝內容量爲 80 球，小盒裝只有 12 球。就連外包裝設計也相當可愛，是小泰山騎著大海中的鯨魚模樣。

12 球小盒裝

80 球大盒裝

【藥包袋內的商品】

氣喘的藥，就會畫上一隻蝦子、烏龜和掃把，以台語發音則爲「蝦龜嗽」；止瀉藥就畫一個人在蹲毛坑；止痛藥就畫一個人面露痛苦表情摸著頭、摸著臉龐以表示頭痛或牙痛。「寄藥包」吸引收藏家典藏，常是藥包上那一個個俗又有力的藥名，還有那充滿生命力的圖案！

【藥商環保袋】

台灣早期的藥商，在電視不普及的年代，為了增加知名度，除報紙及平面廣告、收音機廣告外，另一種就是借助印有藥品名或商標的環保袋贈送藥局或消費者，以達到商品曝光的廣告效益。

記得阿公都會將這樣的環保袋，掛置在腳踏車或機車的把手上，當做購物袋或便當袋使用。話說雖是贈品，但其材質及車縫工法卻相當精實與耐用，世隔一甲子，除因洗滌時印刷褪色外，依然堅固完整。

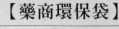

【明通製藥】

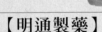

創辦人張日通先生，在 1938 年日治時期就創立「葫蘆」商標，作為公司的標記，並以懸壺濟世，維護健康為經營理念。有名的葫蘆瓶造型藥水，更是醫藥界特有的造型包裝。經典廣告詞：「明通治痛丹，治痛眞簡單」，也是家喻戶曉，耳熟能詳的順口溜。民國 88 年國內另一知名品牌，「國安感冒糖漿」欲更名為「國安治痛丹液」，向有關單位提出明通治痛丹不能為註冊商標，理由是「治痛丹」三字是通用的用藥習慣名稱，有可能讓消費者混淆，但卻未能勝訴，因行政院認為，明通治痛單早在民國 68 年就取得衛生署藥品許可，並在各大媒體播放廣告，早已遠近馳名。

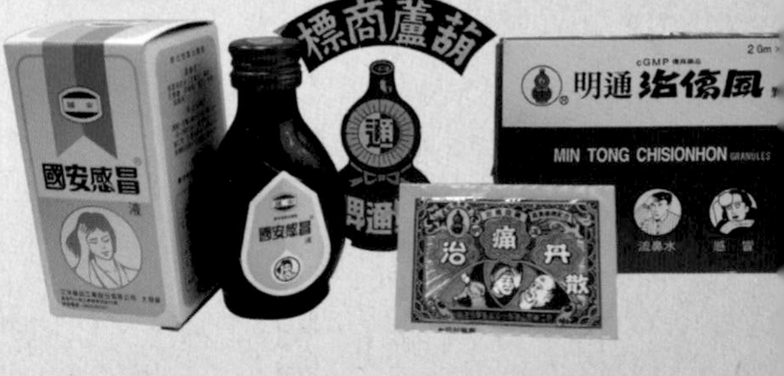

【綠油精品牌故事】

民國 38 年林添如先生以創辦藥房起家，藥房名稱爲「日榮堂」，民國 42 年成立萬能藥廠，也就是現在的新萬能化學製藥股份有限公司，同年並推出風靡全台的「金十字胃腸藥」。民國 47 年推出的「傷風克」也是當時感冒時最暢銷的成藥之一；然而民國 53 年出產的「綠油精」更是人手一瓶的隨身良藥。

綠油精的廣告歌曲，是學齡前的孩童兒歌，只要是台灣長大的五年級生，應該都能輕易唱出這首廣告歌。

學生時期爲了考試，臨時抱佛腳常深夜苦讀，爲了把周公趕走，有次不小心將微量的綠色神油輕抹眉稍，怎知雙眼瞬間刺痛難耐，那一夜雖睡不著覺，雙眼卻也沒睜開過，當然該次的月考成績又是敬陪末座。

【雷同包裝趣味收藏】

新萬仁化學製藥 綠油精

民安製藥 祿風油

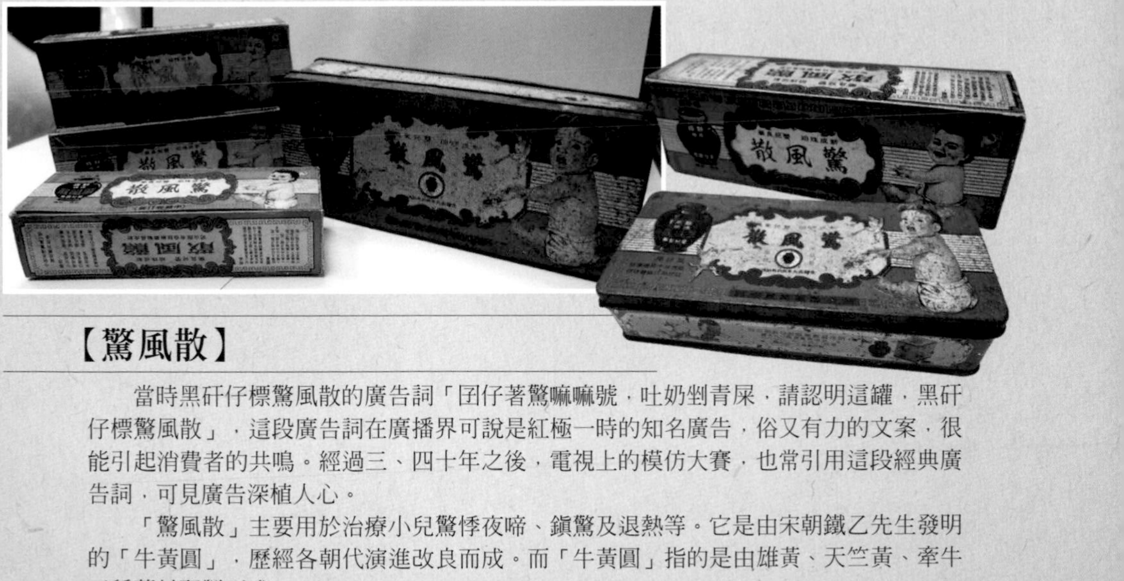

【驚風散】

當時黑矸仔標驚風散的廣告詞「囝仔著驚嘛嘛號，吐奶㪐青屎，請認明這罐，黑矸仔標驚風散」，這段廣告詞在廣播界可說是紅極一時的知名廣告，俗又有力的文案，很能引起消費者的共鳴。經過三、四十年之後，電視上的模仿大賽，也常引用這段經典廣告詞，可見廣告深植人心。

「驚風散」主要用於治療小兒驚悸夜啼、鎮驚及退熱等。它是由宋朝鐵乙先生發明的「牛黃圓」，歷經各朝代演進改良而成。而「牛黃圓」指的是由雄黃、天竺黃、牽牛三種藥材配製而成。

老藥房夢幻收藏。

【葡萄王燈箱】

民國 58 年創設中國扶桑生晃製藥工業股份有限公司，生產康貝特口服液。民國 60 年成立葡萄王食品股份有限公司，生產康貝特 P、樂味等。

葡萄王的葡萄標誌意義：1. 開展茂葉：策劃、協調、領導功能。2. 兩端芽苗：創新發展。3. 繁生果實：企業及員工密切合作，獲致完美成果。

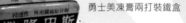

勇士美凍膏兩打裝鐵盒

撒隆巴斯大型鐵盒裝

強力內服液鐵盒裝

力士印家庭藥紙盒

黑矸標驚風散鐵盒裝

【日治時期醫藥櫃】

台灣早期老藥房有些店家，還沿用日治時期留下來的老藥櫃，藥櫃上方通常陳列著各類型的藥品，櫃子中間有三個配有鎖鑰的抽屜，下方則是陳放庫存商品或整箱的藥品。這種使用檜木製成並漆成白色的經典老藥櫃，由於復古、經典、好看，很方便用來陳放寶物，所以常常是收藏家必備的收藏櫃之一。

【阿桐伯藥品展售櫃】

民國 70 年代這種旋轉式展售櫃，很常在一般西藥房出現，通常放在藥品玻璃櫃上方，方便讓顧客一眼就看見這旋轉藥櫃，「阿桐伯藥品展售櫃」是屬於有設計感的陳設藥櫃，在藥櫃背面可陳放該廠商出品的相關藥品，前方則設計成一台小電視模樣，並播放阿桐伯的肖相圖騰，並寫著：濟世救人，為善最樂。

維他可 -10V

小兒風哪
兩百包鐵盒裝

愛兒菜百包鐵盒

【翹鬍子仁丹燈箱】

翹鬍子的軍人商標非常霸氣醒目，據說是模仿德國「鐵血宰相」俾斯麥的形象繪製而成，也有人猜測是日軍滿洲軍總司令大山巖元帥，所以世人便稱仁丹商標為「將軍牌」。

【懷舊藥盒收藏】

精美的手繪圖稿，配上簡潔有力的用藥說明，是台灣早期藥盒特有的包裝方式，由於圖像大都以人物造型或嬰兒圖像為主，讓收藏者有不同圖樣的收藏樂趣。鮮豔的底圖加上藥品外觀圖樣及手繪圖，足以構成一幅經典夢幻畫像。

小兒嗽熱寧鐵盒裝

阿桐伯高麗蔘鐵盒裝

【福祿壽三仙製藥燈箱】

以生產科學中藥製成藥品為主的製藥公司，招牌明顯福祿壽圖像外加「三仙」字樣，格外醒目。

老藥房手繪圖教學。

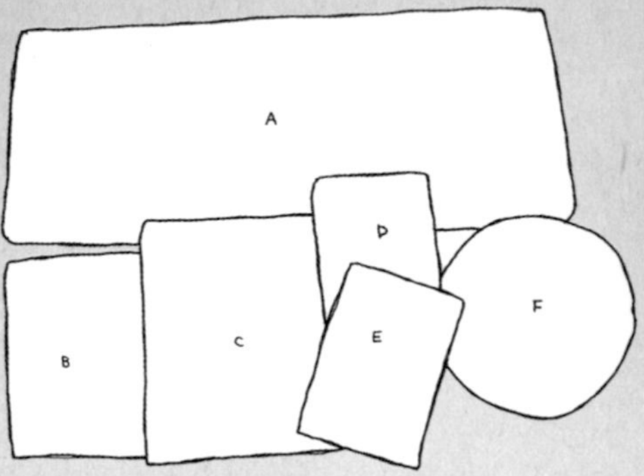

[step 1] 步驟一

1. 將平面構圖區分為 A、B、C、D、E、F 等區。
2. 各商品分別為：A 黑矸仔標驚風散、B 愛兒菜鐵盒、C 健民老藥包、D 瑞昇風熱散藥包、E 瑞昇麒麟藥包、F 可果肝油糖球。
3. 先行使用 HB 鉛筆，繪製各商品間的大小與商品比例。

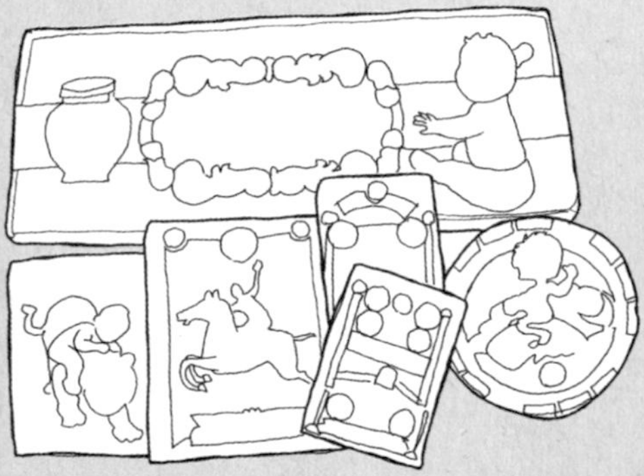

[step 2] 步驟二

1. 粗略繪製各商品的圖騰外型，需注意各商品主圖是否置中。
2. D 瑞昇風熱散藥與 E 瑞昇麒麟藥包有相互參差覆蓋，需注意兩商品的前後關係。
3. B 愛兒菜鐵盒小孩與老虎圖樣，需注意兩者上下關係位置。
4. C 健民老藥包中的人形與馬匹，需注意兩者之間的大小比例原則。

[step 3] 步驟三

1. 各商品的商品名文字書寫，僅需先位置放樣，故輕柔書寫即可。
2. A 黑矸仔標驚風散右方的嬰兒圖像，將臉部表情繪出，以及尿布圖型繪製。
3. F 可果肝油糖球小泰山騎鯨魚的圖樣較為複雜，需注意小泰山頭部線條的繪製。
4. 將多餘的鉛筆線條擦拭。

[step4] 步驟四

1. 精緻細部線條繪製工程開始，請使用 01 與 0.5 水性針筆。
2. 將各商品的文字商品名稱立體化，請注意線條細節部位，避免重疊糊成色塊。
3. 各商品圖像中的人物表情，需注意臉部線條避免模糊失焦。
4. D 瑞昇風熱散藥與 E 瑞昇麒麟藥包有相互參差覆蓋，需注意兩商品重疊處，避免線條出線。

[step5] 步驟五

1. 將完成的針筆線條圖稿先做影印後再行上色工程。
2. 先將顏色相同的色塊進行第一次上色，需注意避免將色線出格，造成圖像污穢。
3. 雖單一商品同色系，但因光源關係造成的陰影面，較暗處需上較深色系。
4. 有人形圖像部分，先上第一層淺肌膚色系。

[step6] 步驟六

1. 靜待 5 分鐘後，讓色料浸入紙張中，開始第二層上色工程。
2. 先將較細部的圖像，以較淡的色系先上，這樣可避免色系過深所造成的上色失誤。PS：色系不夠深可再加上，但過深就無法補救
3. B 愛兒茱鐵盒中的老虎，需先以土黃色系上第一層，待乾燥後再將咖啡色系覆蓋於第二層，這樣可使老虎看起來更具立體感。
4. 完成主圖上色後，可將外框處上一層輕淺灰，讓主圖與紙張分開，呈現較立體畫面。

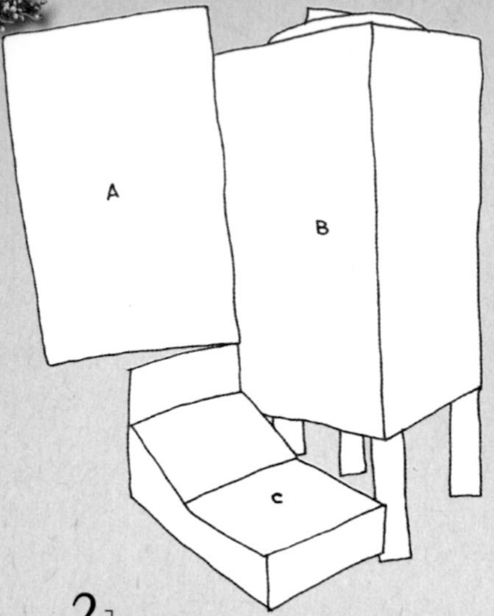

[step 1] 步驟一

1. 先將平面圖展開，並以粗略的圖型區分為 A、B、C 等三區。
2. A 仁丹木做廣告牌、B 仁丹資源回收桶、C 仁丹煉齒磨木盒。
3. 先行以 HB 鉛筆將主場景的物件，按照比例原則畫分大小區塊。
4. 確認比例大小後，先將 C 仁丹煉齒磨木盒，畫出形體相關線條。

[step 2] 步驟二

1. 繪製各商品內部相關配置圖。
2. A 仁丹木做廣告牌：先畫出仁丹大禮服軍人粗略外框線條，注意比例大小是否正確。
3. B 仁丹資源回收桶：先畫出兩面仁丹相關圖像外框線，注意大小及角面所形成的內縮比例。
4. 加畫右下角兩個仁丹藥盒與小瓶裝仁丹的外框線。

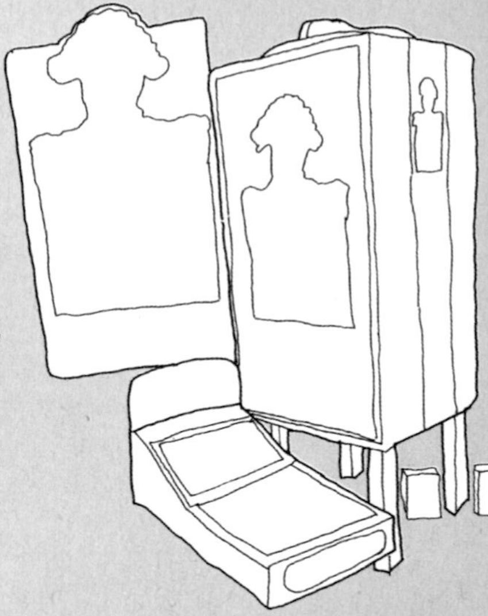

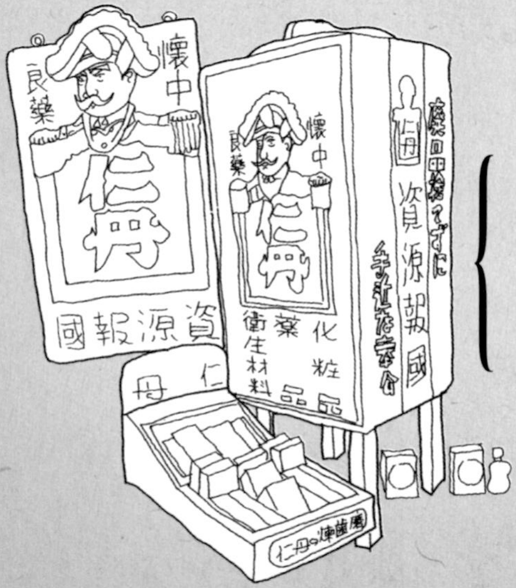

[step 3] 步驟三

1. 畫出 A、B、C 三個物件的內部圖像線條。仁丹商標頭部線條較為複雜，需細心繪製。
2. 書寫各物件內的商標文字，僅需按照比例，概略標示出文字相關位置。
3. 將 C 仁丹煉齒磨木盒內的小藥盒形態畫出，以呈現藥盒的立體面。
4. 準備細部精緻繪圖工程：建議使用 0.1 與 0.5 水性針筆繪製。

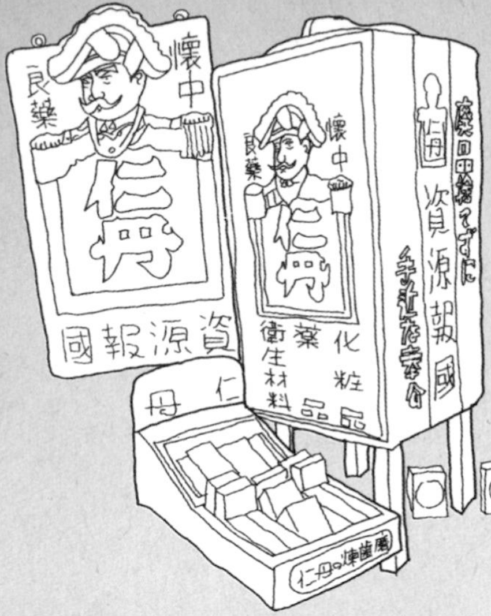

[step4] 步驟四

1. A 仁丹木作廣告牌：將仁丹商標精緻線條繪出，並把文字加粗成空心字型。
2. B 仁丹資源回收桶：將兩面商標圖像精緻化，並把相關文字加粗成空心字。
3. C 仁丹煉齒磨木盒：將木盒內小藥盒，繪出相關商標及文字說明。
4. 完成細部精緻化繪圖後，請將圖像影印，準備上色工程。

[step5] 步驟五

1. 本圖以單一層次作畫，不需考慮前後場景色差問題。
2. 先將相同色塊的區域做第一層上色。
3. 由於圖面線條較多與複雜，空心字部分需小心上色，避免顏料過界暈染。
4. A 仁丹木做廣告牌因屬單一層面無層次表現，可加深上色一次完工即可。

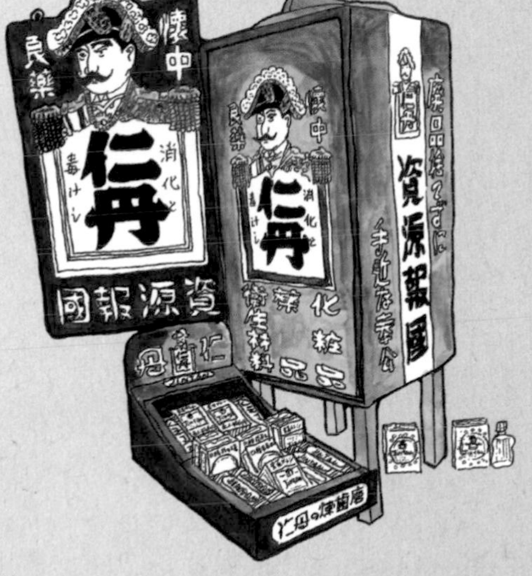

[step6] 步驟六

1. 第一層上色工程完成後，靜待約 5 分鐘，讓顏料浸入紙張中。
2. C 仁丹煉齒磨木盒內部的小藥盒上色時，需注意藥盒重疊間所造成的陰影面。
3. 完成 A、B、C 三個主要商品繪製後，可加繪左後方的影子，讓商品更具立體感。
4. 擦拭多餘的鉛筆線條，讓主結構圖更清晰美觀。

昔懐かしい商業店頭デザイン

懷舊美學商業應用

典藏台灣 保存文化。

懷舊設計/從小開始

應該是小學二年級開始,從不愛繁瑣的數學課卻超級喜歡那本橘色的數學習作簿,因為頁內的八格空白習作格,變成我的【創意漫畫手繪本】,記得小學畢業前,我共畫了12本,成了級任老師們相互爭奪的戰利品。

15歲時開始對於老東西特別有感情,除了收藏,也對老東西背後的文物故事感興趣,甚至研究商品本身的品牌故事或製作過程。

從事懷舊商業設計工作,讓我能更進一步的對老台灣文物盡一份保存文化心力,並利用懷舊美學的觀點廣泛運用於懷舊餐廳設計、復古包裝設計、懷舊商業展覽等。

工作上我需要以懷舊復古的視覺場景,讓走道變成時光隧道,將展場成為50-60年代的老商店街場景,或是把對收藏老文物的情感賦予文字撰寫,成為一篇篇動人的文物故事,再將文物故事整理彙集成復古商品的外包裝文化。或許熱愛工作最大的理由,應該是能夠讓我更深層接觸並了解老台灣本土文化吧!

懷舊商業設計,需要大量的收集台灣相關史料,或時代背景故事.1895-1945年間台灣日治時期,更是影響台灣發展重要的年代,越充分了解台灣本土文化,對於設計時的場景規劃及商品陳列擺設,更能精準到位,做為專業的懷舊商業設計,更應深愛老台灣文化。

如果可以,張大衛最希望能夠將所收藏的【50年代博物館】深植校園巡迴布展,並在展覽期間,將所知的台灣文物故事,轉述為有趣的常民故事,讓生長在台灣的莘莘學子,更加了解台灣本土文化。

台灣復古美學商業展覽。

【圖解懷舊美學商業應用的型態與配置】

懷舊設計不僅是我工作，更是我對保存台灣文化的另一種方法。或許不能盡善盡美，但追求完美卻是我的設計目標，即使一塊紅磚都不容許尺寸有所差異。

懷舊美學設計—— 50 年代博物館「張大衛」。

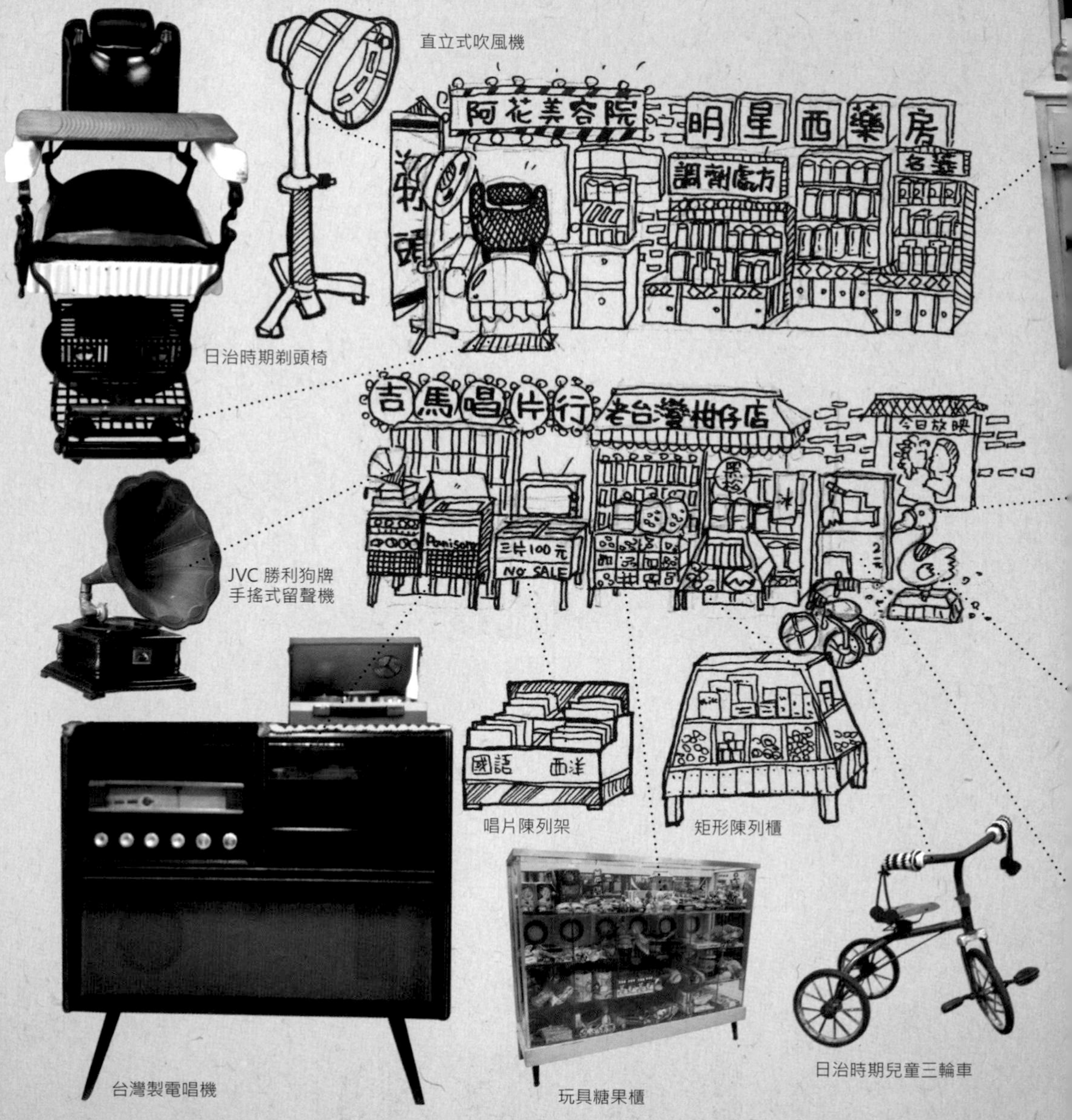

日治時期醫藥櫃

【週期性的懷舊風】

潮流，算是週期性的一種行爲模式，多年前曾經深植人心所謂的「流行款」，經過設計師整合、改造後重現，然後變成全新商品，自然會給人煥然一新的新鮮感，並成爲現在最新的「流行款」，但時間運轉之下很快又退出當下的流行行列。很多 50 歲的人，在 20 多年前借用父輩的經濟能力消費自己的青春，20 多年後的現今，再用自己的經濟能力消費自己的記憶，這就是「懷舊經濟」。

一個國家越是進步或是強大，越是重視國家本身的歷史文化，或許不能忘本就是基本要件。

從事懷舊設計多年，累積一定程度的鑑賞能力，復古美學、複製懷舊、重塑商品定義成了懷舊消費市場中既定的商業模式。懷舊也算是一種現實逃避，爲了減輕現實生活壓力，並對歡樂童年記憶的眷戀，在短時間內即能迅速紓解。但懷舊之後需再重回現實。這就是懷舊週期現象，每隔 3-5 年，必有懷舊熱潮再現。

電影海報看板

黑天鵝搖搖馬

台灣第一代夾娃娃機

彰化「台灣鹿港囝仔懷舊餐廳」。

商業展覽時的剉冰店場景。

以懷舊美學所陳設的理髮廳。

琳琅滿目的懷舊柑仔店。

懷舊美學應用實例。

【懷舊餐廳設計】

世界各國不同的文化，但對於懷舊復古卻一樣熱衷。台灣美食餐廳近年來也吹起民國 50 年代復古風，尤其是台灣小吃的餐廳更是。設計過不同氛圍的店家，其中美式復古風格比較適合服飾店、早餐店之類，而台灣 50 年代懷舊風則適合台灣小吃美食餐廳，這也是張大衛最熟悉的設計風格。通常設計會依店家面積大小，做不同的氛圍陳設，再依業主本身喜愛的復古場景融入店家內，柑仔店、老戲院、唱片行、理髮廳、機車行、西藥房......

一場景一故事是設計的基本要件與元素，讓用餐顧客享用美食時，也能憶起童年歡樂時光，進而爲店家創造長紅的業績。

【台灣伴手禮販售區】

開放陸客來台以來，台灣伴手禮需求量增大，爲了營造台灣伴手禮特色，除加強商品本身包裝外，就連陳設伴手禮的區塊也不能馬虎。大衛設計 50 年代老台灣的商店街陳設台灣伴手禮，讓展售區不僅能販售伴手禮，更是到訪的遊客爭相留念的拍照區。爲了讓不同的分店有著不同的懷舊商店，一店一場景是設計的主軸，柑仔店、照相館、唱片行、電器行、百貨行......成了精緻的台灣伴手禮販售區，讓遊客既可享受購物的樂趣，也可體驗台灣 50 年代不同商店的陳設方式。

【百貨公司懷舊商展】

近年來百貨業者非常注重台灣本土文化的續存，也對保留老台灣相關文化盡了相當大努力，舉凡懷舊展、廟口文化美食展、鐵道展、台灣物產展等，雖是商業考量，但都以老台灣的氛圍做主題背景，進而讓更多民眾喚起老台灣的記憶。 其中 50 年代台灣柑仔店，更是台灣各大百貨公司最愛的懷舊場景之一，或許是較容易觸動人們內心那份純眞的童年吧！

【高齡環境模擬實驗室】

台灣失智老人人口有逐年增加趨勢，進入少子化的年代讓我們需更加珍惜老年人、疼愛老年人。

這個工作很有意義，不僅是工作，更可爲台灣高齡人口的阿公阿嬤盡一份心力。張大衛爲醫護專校實習教室打造柑仔店、唱片行及百貨行三個老場景。這個懷舊場景，主要是用來關懷失智老人的實習教室，教導醫護學員，如何應用 50 年代的懷舊場景，讓失智老人看到老景物回想當年時光，進而幫助失智老人重回記憶，間接或直接恢復記憶而使身體健康。

【企業員工家庭日】

台灣經濟發展蓬勃，企業老闆爲慰勞員工整年的辛勞，都會舉辦大型的員工家庭日，以凝聚員工對公司的忠誠與向心力。在大型的園遊會或家庭日，企業爲營造歡樂氣氛，除了邀請知名歌手、主持人，也會將會場布置的相當熱鬧，其中靜態的拍照區或獎品兌換區，就由張大衛負責規畫設計。在陳設規畫時，需注意場景的配置，在柑仔店裡兌換商品或當做服務台，是最受員工喜愛的區域，員工不僅可以拍照留念，還可以對下一代訴說父母幼年時，柑仔店的場景介紹。

【台灣股票博物館】

股票博物館內的導覽區介紹從民國 50 至 70 年代台灣商業歷史發展演變過程，張大衛負責民國 50-60 年代陳列布置及規畫商品群等。台灣 50 年代是農業發展時間，以農業治國爲主。民國 50-60 年代，農業蓬勃發展，當時政府以農業培養工業，並以工業發展農業。70 年代則開始台灣電腦王國時代。50 年代台灣的生活用品簡介中，利台化工的非肥皂（白藍洗衣粉）的前身、台灣早期的奶米粉 / 母奶粉，在生活困苦的年代，純奶粉是非常昂貴的進口食品，台灣當時只有自製麥米粉及用米研磨成粉末的奶米粉。黑人系列也開始在 50 年代進入台灣生活，黑人牙粉 / 黑人牙刷 / 黑人鞋油。

【碇內車站火鍋店】

這是一家以七堵火車站爲藍圖所設計的店家門面。外型景觀與台灣早期木造車站極爲相似，成功吸引饕客與路過的遊客眼光。這家名爲「碇內車站」的火鍋店，不僅車站外觀復古且眞實，內部的 50 年代商店街用餐區，更是精緻典雅，業主把多年的懷舊收藏充分布置，不但火鍋味美，店家用心的裝潢更是視覺的一大饗宴。

【手工蒸餃專賣店】

王朝手工蒸餃已是大溪知名的懷舊美食，但業主一直認爲門面過於簡單俗氣。於是經過溝通後便開始著手行銷企畫書撰寫。業主喜歡童年時期老戲院牆面的氛圍，並懷念著路邊的喊琳瓏叫賣車，所以在規畫設計時，都將這些懷舊元素安置其中，並巧妙的利用老電線桿及昏暗的路燈，製造溫馨的情境，讓入店用餐的客人感受濃濃的 50 年代老戲院懷舊風。

懷舊復古商展。

【懷舊主題商展】

百貨公司、遊樂場或大型育樂世界中心，常是我舉辦復古懷舊展的場所，把整層的百貨大樓變成夢幻的時光隧道，利用時光機讓到訪的遊客一同回到民國 50 年代的風華歲月，那一間間的充滿復古懷舊的商店，有著老阿嬤的回憶與阿公牽手約會的老戲院場景，和那童年歡樂時光的柑仔店、玩具店、剉冰店。老街上的小郵局、裁縫店、唱片行等。一幕幕像電影般的情節街景呈現眼前，那更是校外教學最棒的實體教材。或許不是眞實的回到從前，但一定能感動您內心深處最純眞的童年記憶。

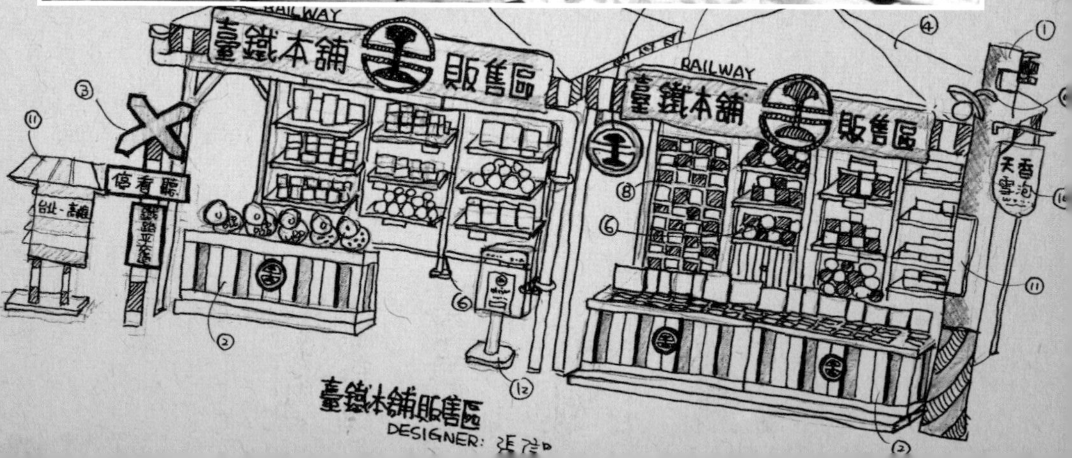

【復古懷舊餐宴】

大型餐廳在特定的節慶或主題餐宴時，復古懷舊風是最具消費者喜愛的一種主題餐宴。五星級餐廳也接受個人生日宴的復古趴宴會。為了讓賓客盡興，通常都會在入宴之前先行換上不同宴會主題型態的服飾，並在 50 年代實景復古背牆上留影紀念，入口處陳設了老戲院、理髮廳、柑仔店等不同場景，讓不同年齡層的賓客相互學習觀賞，很容易在相同的回憶裡，找出共同的童年話題，進而拉近不同領域來賓的距離。

餐廳型態如果是 Buffet 方式，那就可以把用餐現場布置成 50 年代的老街場景，並把櫃檯變成老戲院的售票口，讓結帳的客人，好像是正準備買票進入老戲院看戲一般，相當有趣。完成結帳動作時，再贈送客人一包柑仔糖，哇！那真是一場難忘的復古懷舊宴。

【鐵皮機器人主題展】

近年來懷舊復古風推波助瀾之下，兒童玩具中的復古鐵皮玩具更是百貨業商展中滿常舉辦的主題活動，不僅吸引小朋友入店參觀，更吸引具有高銷費力的五、六年級生，那是民國 50-60 年代出生的小孩最愛。

懷舊機器人展，除需有龐大的收藏量外，更須對機器人有一定程度的認識與了解，方能在商展中一一介紹每隻不同類型或功能的機器人。對於機器人的歷史背景也須充分了解，有興趣更歡迎您一同探索鐵皮機器人的懷舊魅力吧！呼叫屬於自己年代的羅伯特！

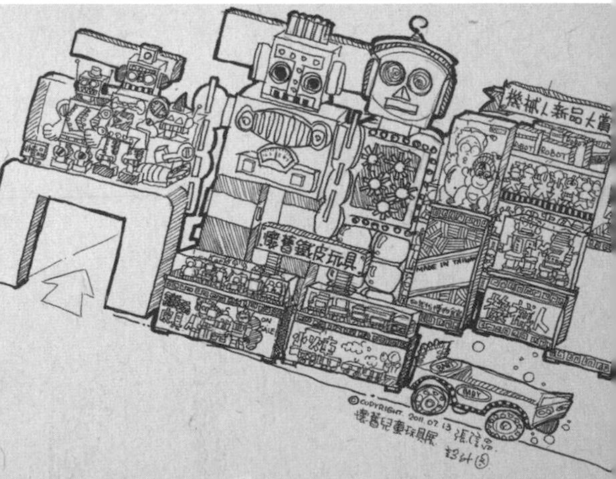

博物館工程實體案例 1。

【日式懷舊主題場景】

把日本昭和 36 年（西元 1961）作爲場景設計主軸年，將當時的復古商店糖果屋、美妝店、西藥房、老湯屋、神社、中藥舖一間間搬進我的設計內，配置街上的拉麵車、小診所、老郵筒形成濃郁的懷舊昭和年代。或許您來不及參與這復古年代，希望完工時，有這份榮幸邀您一起懷舊美好的『昭和年代』。

【佐藤象】

動物中，大象是一種極為長壽的動物。用來當作作藥品商代言人正如其印象非常適合。

日本企業很重視企業玩偶代言，有佐藤製藥創立之初，應該就有「佐藤象」的誕生。佐藤製藥有個相當知名的代言企業玩偶「SATO 佐藤象」，由於造型從早期至今多款變化，深受台灣男女性收藏家喜愛。

【中村堂美妝舖】

美妝舖通常會有部分西藥並存於一個店家，也稱爲藥妝店。『藥妝店』名稱源於日本。『藥』的比例較高稱爲藥局，『妝』的比例較高則稱爲美妝店。

【川口太菓子屋】

販售的商品卻琳琅滿目，除生活用品、糖果玩具，也販售煙草、酒類製品，在店家的門口上也會掛滿各式各樣的小廣告鐵牌。在沒有媒體出現之前，這種貼滿店家的廣告牌也形成一種有趣的街景文化。

【U 虎湯屋】

溫泉なも是一種由地下自然湧出的泉水，其水溫較環境年平均溫高攝氏 5 度，或華氏 10 度以上。在學術上，湧出地表的泉水溫度高於當地的地下水溫者，即可稱爲溫泉。

【大峰堂漢方藥】

1968 年設立的大峰堂漢方藥，是一間主傳三代的中藥舖。創辦人早年前往中國習得中醫藥醫學知識，並發願以濟世救人爲基礎開設本堂，對於貧苦家庭看診、捉藥不予收費。

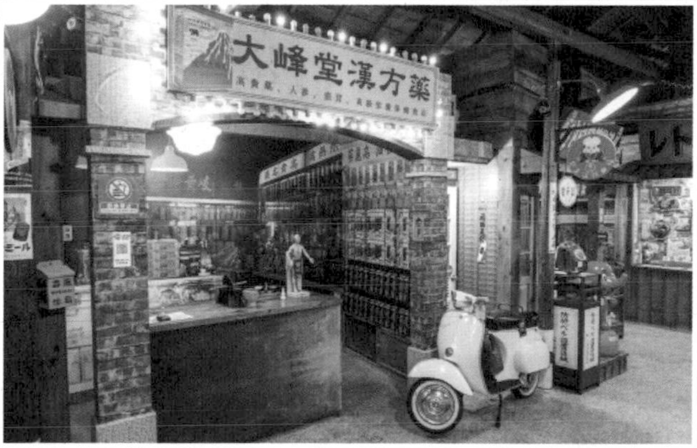

日藥本舖昭和博物館

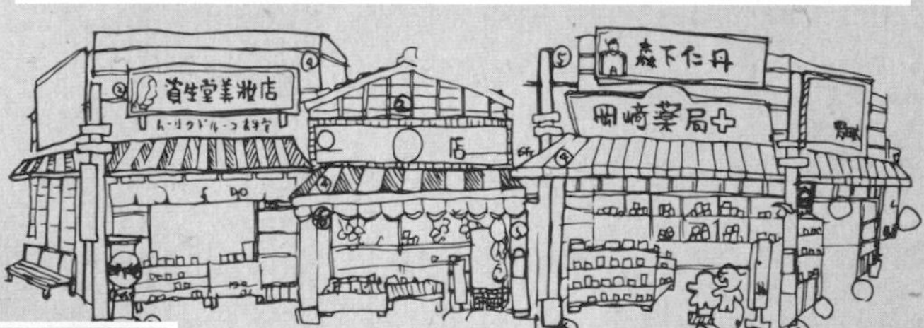

【日本神社】

日本大部分神社所祭祀的神爲一些著名神社所祭祀之神的分靈。

按照日本神道教的說法，他們所供奉的神可以無限分裂分身，就好像燭火從一支蠟燭傳遞到另一支蠟燭。供奉分靈的神社往往是根據所祭祀神的名字來命名。

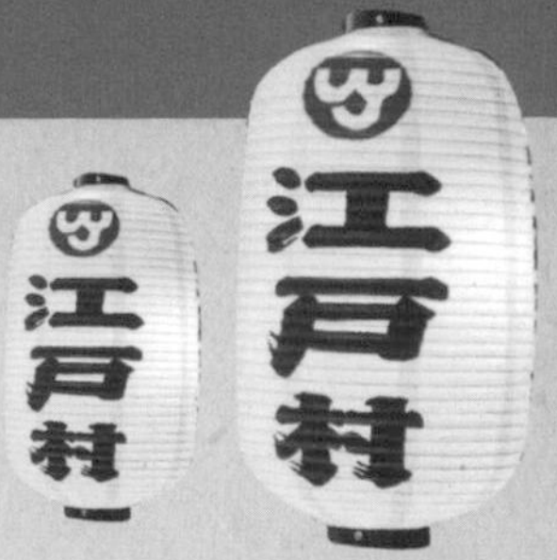

【江戶村懷舊主題場景】

日藥本舖博物館 /1603-1867 江戶村。

在都市叢林中，仍保留了一片江戶時代的街景等著您來親身體驗。這裏有梳著髮髻的武士、裝扮著美麗的藝妓，甚至需提防忍者出沒！您也可以來到變身所體驗，成爲江戶村的一員。

【黑醋力公仔】

人生中使用的柴米油鹽醬醋茶，也置入村內，設計成一家家不同樣貌的老店舖，其中米舖、油舖、醬油店、醋店、茶舖都有販售相關商品。

黑醋力公仔爲日本知名的佐料公司企業形象代言人。

【忍者手裏劍】

忍者常出沒在這村莊內，和到場的遊客互動表演，瞬間讓人置身於日本封建統治的江戶時代。

【日本茶舖】

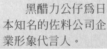

在舊時代的日本人，除了喝酒以外，喝茶也是一種消遣方式。

「茶道」是日本的傳統文化之一，至今已有 400 餘年的歷史。重視「清心」和「節欲」的禪道精神，現已成爲日本人修身養性，提高文化素養的重要生活習慣。

【湯婆婆油屋】

日本知名電影『神隱少女』內的溫泉油湯屋、鐘樓、紅橋、復古球池樂園，也成了江戶村內有趣的卡通場景，更是小朋友最喜歡的兒童復古樂園。（日藥本舖U虎樂園）

日藥本舖博物館
新竹館

日藥本舖江戶博物館

【江戶村變身所】

江戶村內提供和服體驗，不僅有浴衣、半纏、吳服及本振袖，讓人從頭到腳都是優雅氣質，沈浸於日式傳統服飾的魅力，留下美好的回憶。

【兒童祭典文化】

村內也專爲兒童設計了Baby Boss，有壽司店、茶舖、拉麵攤、章魚燒等育教娛樂的兒童職能體驗遊樂。

入場通行證

博物館工程實體案例 2。

foodrepublic 大食代

大食代美食廣場

【台式懷舊主題場景】

時光停滯在台灣 50 年代，上著瀝青的木作電線杆、舊舊的老招牌、有趣的柑仔店、什麼都賣的雜貨舖、台灣老車站、電髮院……街上的屋瓦房舍，有的用紅磚、有的用木頭，各以不同材料建成，但卻更有一種古樸之美。

【眷村】

1949 年至 1960 年代，因國共內戰後而隨中華民國政府遷徙至台灣，政府機關為其興建或者配置的村落。駐台美軍軍官、士官及其家屬在台的宿舍，亦有「眷村」之稱。

【百貨行】

販售著從出生至上天堂，人一生所需的日常生活用品。還原老台灣特色店家場景，置入於美食街上的台灣文化光點。台灣早期百貨行，就像是阿嬤的百寶箱，店內販售著從出生至上天堂，人一生所需的日常生活用品，商品內容琳瑯滿目何止百貨甚至千貨。還原老台灣特色店家場景，置入於美食街上的台灣文化光點。

【台灣老戲院】

台灣早期戲院有種溫馨而且熟悉的味道，那是兒時最奢侈的視覺休閒娛樂。運用轉角建物，營造台中老戲院場景，讓舊電影文化故事重溫舊夢，帶領遊客重返五零年代的老台灣。

【台灣文化街景】

把老台灣元素一一集合，運用幸福年代的氛圍打造經典復古老台灣。

我們蒐集 1969-1975 年左右的台灣老街景與人文故事，並從中延伸有趣的店家、廣告牌、老電影、復古店頭廣告單、年節燈籠搭配自行車行、電髮院、玩具店、冰果室、照相館、唱片行、郵局、柑仔店、雜貨鋪共同營造幸福老台灣情境。

【九份黃金山城】

每個店家外觀造型，以台灣早期大稻埕街道巴洛克建築爲主設計場景，再融入 50 年代街頭的電線杆、路燈、公車站牌、電影海報牆等有趣街景元素交互運用，進而呈現出經典老台灣巷弄街景美學。

【懷舊元素運用】

老屋瓦、木房子、紅磚牆、鐵牌老廣告、再加上電影海報和紅燈籠，把台灣老街經典元素重現在這個餐廳內。

以台灣光復前後的時光背景，做爲餐廳整體的情境設計。一入店內即感受到濃厚的懷舊風情，讓人瞬間掉入時光隧道，一秒來到幸福的老台灣。

【Museum Coffee】

外觀簡約懷舊的店招，搭配手作磨石牆面與紅磚，用以呈現 50 年代的建材孕育基礎美感。內部燈光以復古牛奶吊燈、懷舊老廣告燈箱、理髮旋轉燈的昏黃光束表現咖啡館的樸拙美感。大量的藏書、懷舊的果子屋、齒科診所、以及 1965 年的老金龜車吧枱，裝置著你我曾有的 50 年代歲月。店內咖啡飄香的味蕾與人文復古時尚的場景視覺，建構了這家獨特純眞的『50 年代博物館咖啡』。

【森永菓子屋】

兒時天堂的所在地，店內販售著琳瑯滿目的玩具寶物及美味的零食糖果。那是童年記憶中最重要的店家場景，也是最甜美的記憶。

【厚生齒科診所】

台灣早期的診療椅、牙醫診療器具，復刻重現厚生齒科診所。一種對歷史文化的眷戀，更是守護老台灣文物，讓下一代見證上一代的常民醫學故事。

【脫線故事館】　創辦人 / 陳嘉成

脫線故事館的成立，是子女對父親的一個思念與緬懷，我們很幸運有一個好父親陪伴半世紀，在您身上學習到的是堅忍的精神，對家庭的付出，父親在藝界 60 年，走過台灣藝界的所有年代，也是演藝後輩學習的榜樣，雖然都只扮演綠葉的角色，但一生帶給觀眾歡樂，沒有大明星架子，跨足農業後雖然不順遂，卻也能憑自己微薄力量，協助農民產銷，父親隨和樂觀，不向命運低頭的精神，您的身教深植我心。

1999 年中部 921 大地震，翻轉了國人旅遊生態，遊客全湧入花東，脫線休閒牧場成爲台東旅遊勝地。脫線牧場 10 公頃的休閒農業，提供賣雞、烤桶仔雞、餐廳、住宿等服務，高峰時期每日接待 30　遊覽車，人山人海，成爲遊客來台東必遊的景點，脫線雞也成爲必吃的台東美食，「脫線」更成爲台東的代名詞。

脫線這生最大成就，不是拍多少戲劇，不是養多少雞，而是把家庭顧的很好，做了最好的典範希望脫線故事館能成爲懷念您最好的禮物，也希望大家都能記住，台灣國寶，脫線爸。

懷舊美學商業應用流程。

[step 1] 步驟一

【企畫提案與撰寫】

要讓業主或主管了解懷舊設計相關主題或設計大綱，需要一份詳細且精緻的企畫書來提案。提案內容的優劣，通常是接案成功與否的關鍵因素。企畫案內容使用圖文並茂的撰寫方式，更能讓不太懂傳統設計圖的店家業主更快充分了解設計主軸與施工範疇。

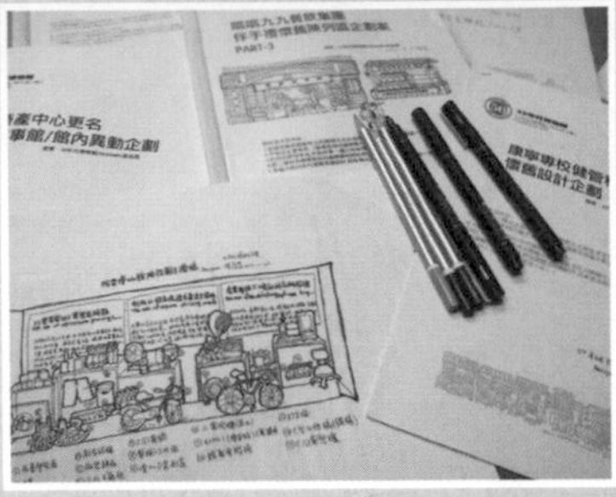

【構思與設計】

構思加以整理撰寫成企畫案，並將業主的想法與設計師的設計方向，用文字及圖像繪製出來，讓業主可以清楚知道設計師設計理念是否達到業主的需求。

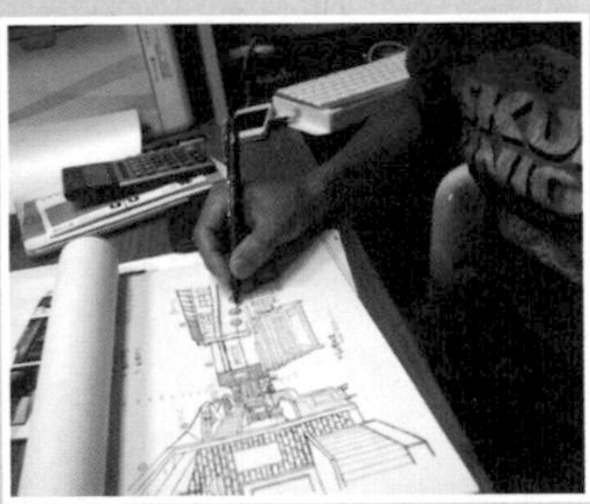

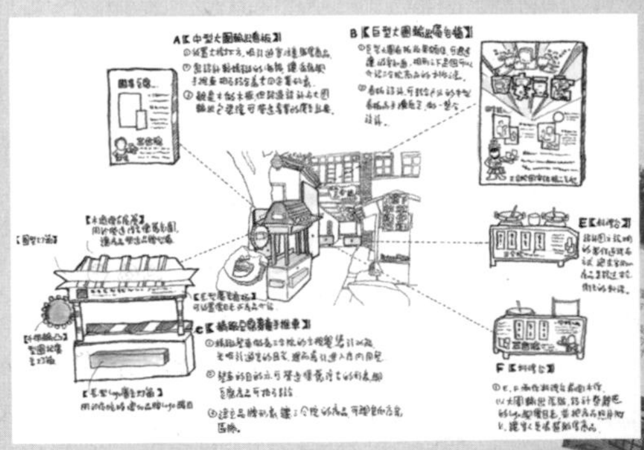

【文案撰寫與場景繪圖】

針對企畫案所提及場景設計，利用手繪圖繪製出粗略的設計圖型，與業主討論場景是否正確，並在設計圖旁加註文字說明場景所需的相關用料及施工項目、尺寸等。

[step 2] 步驟二

【繪製場景配置設計圖】

任何偉大的懷舊場景工程都是從這份設計圖開始，在配置圖中，需註明場景所需的陳設道具或懷舊商品購置，設計圖則需規畫場景內容及所需懷舊景觀圖及相關物件的布置成效。設計圖繪製需是精細且需按尺寸繪製，這樣施工的工程班才能按圖施工。

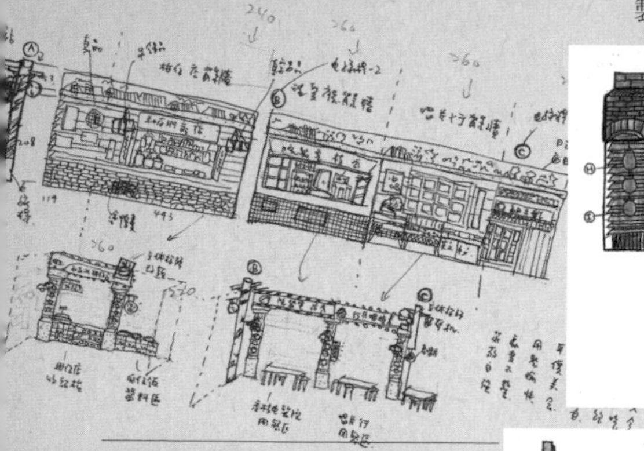

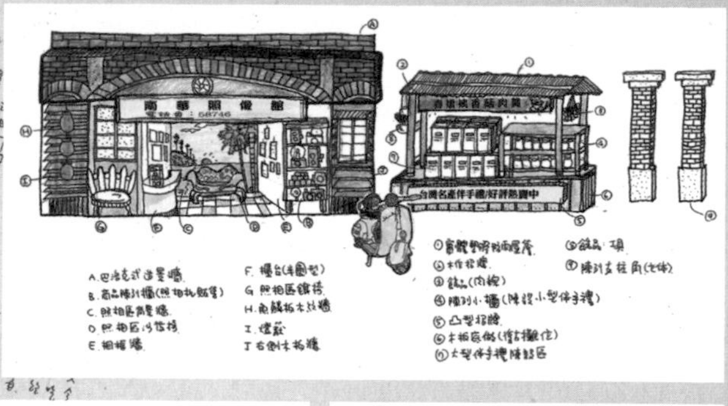

【場景配置設計】

當場景與業主確認後，開始做懷舊場景配置與設計，這部分最主要是與施工單位確認設計師想要的場景、尺寸、用材、相關陳設位置等。

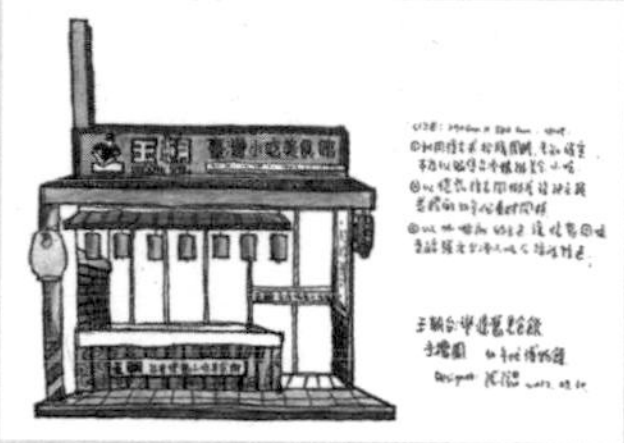

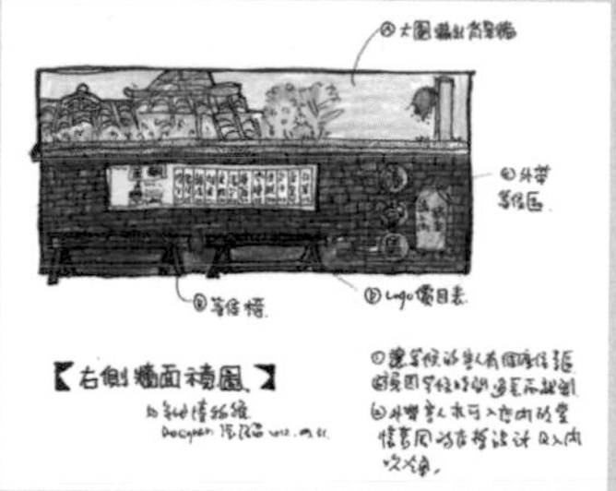

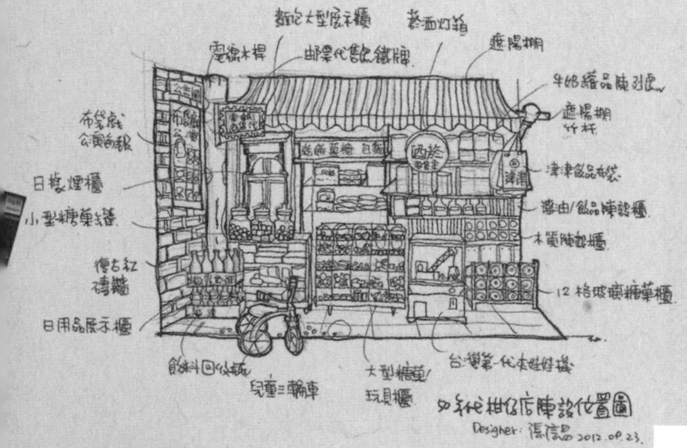

【主體結構設計】

場景圖繪製時，需注意實際場地的配置是否合乎設計場景安置，並與木工師傅確認實際場地與設計圖尺寸是否正確。木工需先行放樣，讓設計師參考實際場景大小是否需做修改或木做工程的主體結構工程是否穩固。

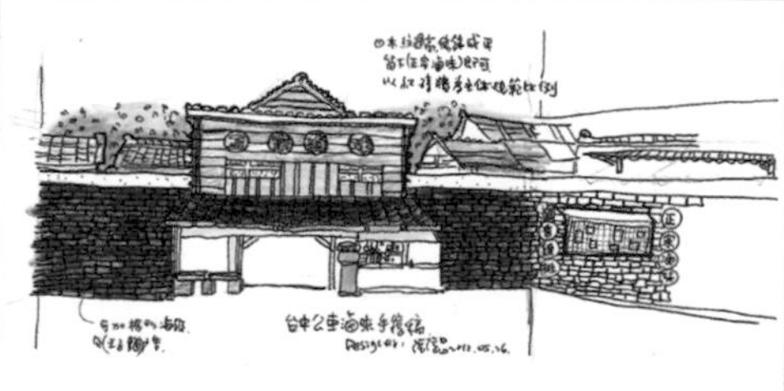

[step 3] 步驟三

【工程團隊場堪與施工會議研討 / 企業識別標章設計】

通常場堪時參加人員為業主、設計師、工程團隊等。工程團隊中更分為拆除、水電、招牌、水泥、油漆、木作、大圖輸出、清潔、場景布置等。在施工之前，必須相互確認整體施工流程順序，並撰寫工作進度表及施工確認表，並在場堪會議時將相關問題提出，並由設計師主導工作流程及解決相關提問問題。

設計先前作業：店家企業識別設計、名片設計、招牌設計、點菜單設計。

【企業識別設計】

企業識別標章，是店家的精神所在，更是所有工程前置作業的第一項，凡舉名片、招牌、菜單、工作服、廣告海報等，都需大量使用這企業標誌。

設計企業識別標章時，先以手繪稿繪製、修改、確認，在使用電腦做成電子檔，以利申請商標登記與註冊，更須沿用至相關的作業工程上。

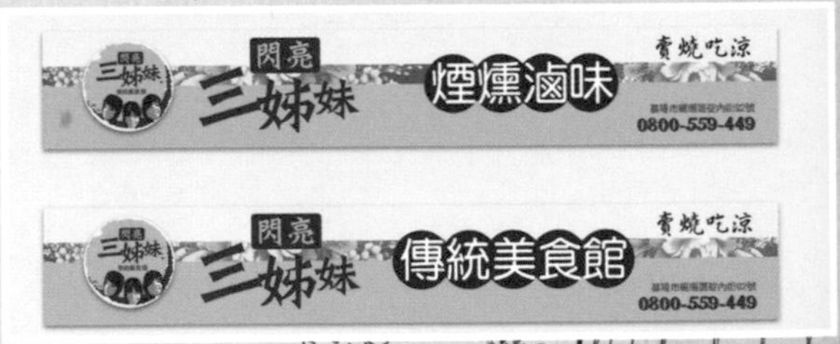

【招牌工程】

招牌工程可與內部工程同時作業或先行作業，一來招牌吊掛屬外部工程作業，不影響內部相關工程。二來先行完成的招牌，可先行為店家廣告，並告至該店家未來的營業項目與所販售商品。

【閃亮三姐妹】
煙燻滷味，懷舊美食店

[step 4] 步驟四

【進度施工開始】

確認工作流程後，設計師開始負責監工並指揮工作人員所需的當日工程進度，以確保完工驗收交件日期。拆除工程是工程進度的首項，依序爲水電配置——招牌吊掛工程——泥做工程——工作施工——油漆工程——清潔工程——大圖輸出工程——場景布置工程——業主工程驗收——補強作業工程——完工結案。

【木作工程】

木作工程，是整體工程的根基，需注意主體結構的強化與安全性，木作的打小比例與尺寸需相當精準，後續的相關作業都需以實際木作尺寸爲依歸。精細的木作工程，可以讓大圖輸出工程的作業更完美，爲整體懷舊情境氛圍更加分。

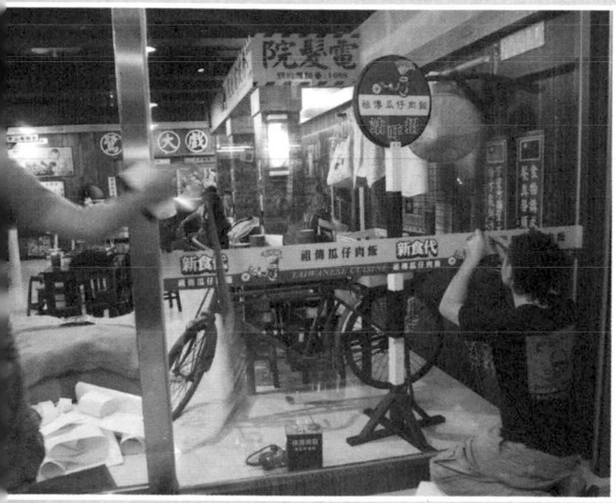

【大圖輸出工程】

大圖輸出施工作業，就像整體懷舊工程最美麗的外衣，所有前置工程作業都是爲此工程鋪路。事前的場景規畫、場景設計、景物合成、電腦製圖等，最終都需由大圖輸出工程來做最終修飾與完工。

【完工與結案】

驗收工程交案時，看見業主喜孜孜的臉部表情，是我最驕傲、最成功的豐盈果實。

懷舊店家風格特色。

【新食代祖傳瓜仔肉飯】

店家特色。

主要餐點是以台灣古早味飯、小吃爲主。店內裝潢是以民國 50 年代懷舊復古爲主題，共分爲四大主題：和尚洲懷舊柑仔店、秀枝電髮院、鷺洲大戲院、素楨唱片行。本店是由幾個年紀不到 30 歲年輕人懷著夢想，憑著大夥對台灣 50 年代復古懷舊的熱情，努力不懈、永不放棄的精神，一起打造的美食餐飲館。

【凱 · 鍋燒麵】

店家特色。

這是一間充滿溫暖的小店，有懷舊復古的純樸，有熱情親切的老板，有一碗碗溫暖你我的心的鍋燒麵，有正港南部魯肉飯及老板堅持佛蒙特阿凱咖哩飯，懷念金門當兵滋味的炒泡麵，每一份餐都有著阿凱的小故事，在繁忙的台北市不妨偷個閒來坐坐，如果老板有空他會很樂意跟大家聊聊天，也許這份樸實的純眞感是躲在大家心中的一小角落，不管你是做人父母、還是阿公、阿嬤、董事長、大老板、總統，都可以到這裡尋找兒時那單純溫暖的記憶，在台北市信義區的小巷裡一起跟著阿凱搭時光機回到過去。

【王朝手工蒸餃 / 湯包】

店家特色。

從食材嚴選、餡料配置、手工製作、熱蒸時間等，製作過程繁瑣，費時耗工，但手工蒸餃的美味就須這樣高成本製作，方能確保每顆蒸餃的美味。其中新鮮肉餡是採用合格標章電宰溫體黑毛豬肉及宜蘭三星蔥所調配而成。本店手工蒸餃享有盛名外，其餘台灣傳統美食更是不遑多讓，蝦仁羹、花枝羹、肉燥飯、油飯、乾麵等都是由業主親自精心烹煮，並非常注重衛生、安全、健康，使用含氧活量水與當日新鮮食材製作。

【閃亮三姊妹碇內車站火鍋店】

店家特色。

以復興、莒光、自強、太魯閣號等為餐點主題特色，內部裝潢走懷舊氛圍，用餐場景有柑仔店、百貨行、裁縫店、布袋戲野台、小火車、剉冰店、老戲院等。店外的老車站場景也是饕客拍照的景點，餐點也以懷舊元素為主，如果是喜歡阿嬤的手路菜的朋友，更須親臨品嚐。

【台灣鹿港囝仔懷舊餐廳】

店家特色。

在民風純樸的鹿港小鎮裡有著熱愛台灣懷舊文物的兩兄弟，花了數十年的時間收藏各式老台灣生活文物......並將這樣的收藏大方的陳列在店裡，也給這條老街帶來不同的懷舊人文情懷。　有逗趣的大嬸婆柑仔店／台灣日治時期正宗本田機車行／台灣早期生活雜貨——新光洋行／同仁堂中藥店／鹿港黑松經銷商／美美唱片行／明星理髮廳／台灣大戲院等。各式各樣不同懷舊人文風貌，等你來賞趣玩樂！我們用心記錄民國 50-60 年代台灣人文生活，企圖讓你乘坐這列懷舊人文列車，感動你的生活記憶！

【正宗公車滷味香雞排】

店家特色。

創立於 1997 年台中客運站旁的正宗廣式滷味，以家傳的滷包及精心熬煮蔬果湯頭，搭配香甜不膩的台式醬料，創造出高人氣的排隊美食店家。這是一間全家人緊繫著情感並對食材堅持的料理夢想家，早期克勤克儉的攤車美味，經多年努力後，設計出一間充滿懷舊台灣人情味的復古店面，讓顧客擁有更舒適的用餐環境，除了享用店家的滷味美食與香雞排，並讓視覺也一同參與懷舊饗宴。

懷舊美學商業應用夢幻收藏。

【電線杆上相關配置物件】

路燈、廣告鐵牌、消防栓等，是台灣早期鄉野間的路燈常見的配置，有的還會貼上廣告標語或競選海報等。

【七星汽水鐵牌】

民國 43 年由楊水音夫婦，以涼香汽水廠生產紅茶與橘子口味汽水為主，隨著口味多元及研發新產品，開始生產七星汽水與 S 可樂，並創立富泉食品公司。

七星汽水

【台北市路燈】

早期的台北市路燈外殼，為防雨天鏽蝕故以琺瑯材質打造，在內部的燈泡頂部並印有台北市政府專用字樣。

【菸酒鐵牌】

常懸掛於早期柑仔店門口，告知消費者本店有售公賣局所生產的菸酒商品。

【公用電話燈箱】

簡易式的燈箱，僅在外殼上印有公用電話四字。

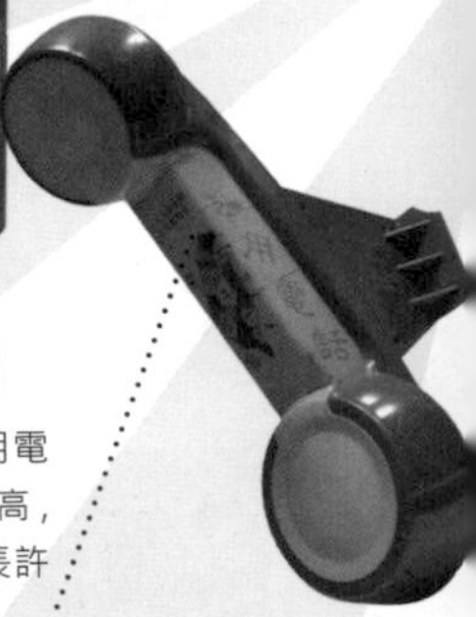

維他露汽水

【鄧麗君海報】

鄧麗君小姐代言，維他露淇淋西打飲料，當時年齡 16~18 歲。活潑、青春、可愛。

【102A 型紅色公用電話】

台灣在民國 50 年代開始設置公用電話，由於公用電話使用率越來越高，後期的公用電話儲錢箱也變得加長許多。

【公用電話話筒造型燈箱】

外觀明顯的話筒造型，不僅美觀、有創意，燈箱內部的燈源會在夜間亮起，非常醒目好看。

【舊式老消防栓】

體型較小，身形細長，常見於民國 50-60 年代馬路上電線杆旁。

【三輪黃包車】

人力車在日治時期引進台灣，1945 年後，三輪黃包車取代了人力車，在台灣農業社會時期的交通標誌，還可以見到「禁止人力車進入」標誌。直到民國 65 年 9 月 1 日台北市禁止人力黃包車上路。

日治時期圓柱形郵筒

限時郵件老郵筒

普通郵件老郵筒

【普通郵件／限時郵件老郵筒】

台灣在民國 50-60 年代較小型的老郵筒，屬於壁掛式郵筒，常見於柑仔店的外牆上。壁掛式郵筒的由來：早期立地式郵筒，常有小狗在郵筒旁撒尿，讓收信的郵差飽受尿臭之苦，於是將郵筒發展成壁掛式以解決這問題。

【台灣老郵筒】

在沒有網路的年代，郵政業務是當時書信往來重要聯絡工具。在平溪老街上的平溪郵局外，矗立著一個日治時期延用至今的圓柱狀直立式的老郵筒。

檜木展售櫃

幸福牌自行車

【喊琳瓏雜貨車】

台灣早期部分偏遠村落並無雜貨店的設置，於是腦筋動得快的生意人，就會用腳踏車載滿整車的生活日用品至當地銷售，若這週沒買到的商品，老闆會先登記下來，以利下週再帶過來販售。通常老闆會有句順口溜說：「喊琳瓏往這過，請問少年兄要買什麼貨」。

懷舊美學應用設計圖教學。

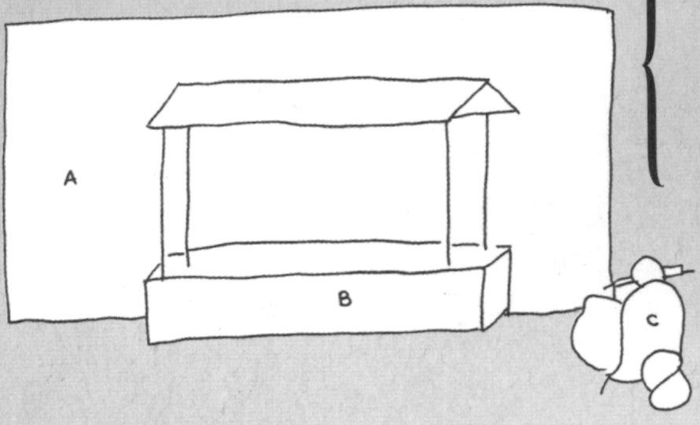

[step 1] 步驟一

1. 手繪設計圖爲台灣伴手禮復古展售區
2. 將紙張畫面區分 A、B 與 C 三區。
3. A 巴洛克式建築場景、B 台灣老麵攤、C 偉士牌機車。
4. 先以 HB 鉛筆輕柔繪製出粗略陳放位置，需注意兩展區的大小比例。

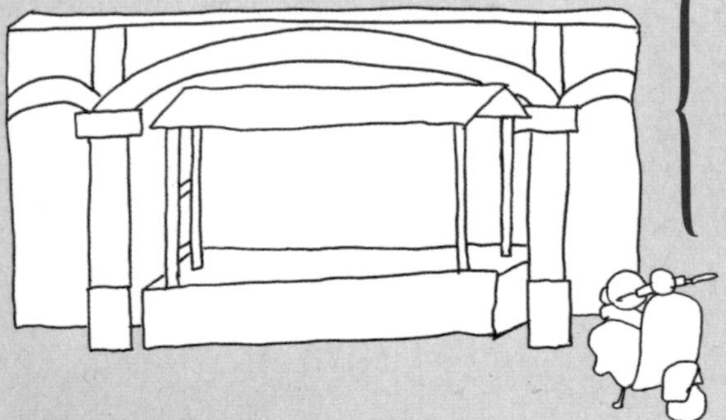

[step 2] 步驟二

1. 將 A、B、C 三場景立體化。
2. C 偉士牌機車爲前景圖，B 台灣老麵攤爲中景圖，A 巴洛克式建築場景爲後景圖。
3. 建議繪製順序爲 A 巴洛克式建築場景 -B 台灣老麵攤 -C 偉士牌機車）。
4. 繪製 A 巴洛克式建築場景時，需注意紅磚柱與上層紅磚牆爲同一平面。

[step 3] 步驟三

1. 繪製 A、B、C 三場景內部線條。
2. C 偉士牌機車：機車後座有放置安全帽，繪製時須注意空間配置。
3. B 台灣老麵攤：繪製屋簷下廣告招牌的位置及左側掉掛撈麵網的配置。
4. A 巴洛克式建築場景：左側的燈籠位置預留與右側窗戶及魚鱗木板繪製。

[step4] 步驟四

1. 伴手禮商品陳放位置繪製。
2. 伴手禮主要陳設於麵攤的檯面上，需將檯面立體化繪製。
3. 麵攤伴手禮區左邊爲盒裝商品，右邊爲玻璃裝商品。
4. A 巴洛克式建築場景：左邊魚鱗木板繪製。

[step5] 步驟五

1. 精緻化繪製工程，使用 0.1、0.3 與 0.5 水性針筆繪製。
2. 將 A、B、C 三場景所有線條精緻繪製，並確認實際有效線條。
3. 對於各場景內部較細緻的線條，在使用 0.1 針筆時，筆觸應需輕柔且快速，避免針筆線條暈染，造成紙張污穢。
4. 將多餘的鉛筆線條擦拭掉，僅留實際針筆線條即可。
5. 預備上色工程時，先將針筆原稿進行 COPY。

[step6] 步驟六

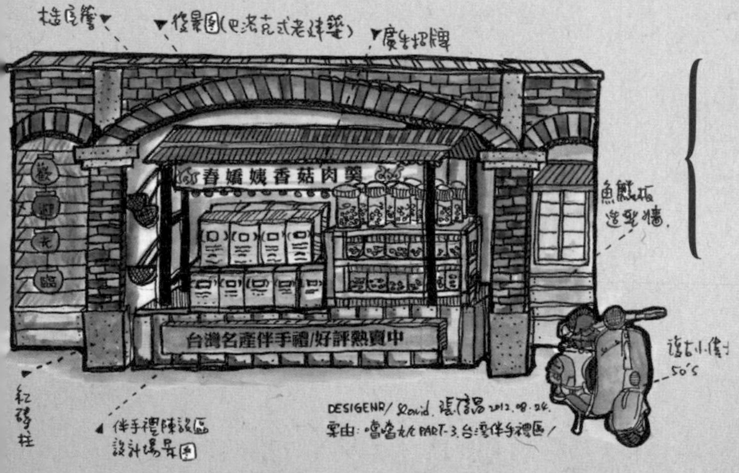

1. 上色工程繪製，建議使用 18 色水彩。
2. 先上 A、B、C 三場景的第一層較淺淡色塊。
3. 伴手禮陳設區中的禮品，因物件較細小，需小心著色避免色塊暈染。
4. 設計圖爲使業主方便快速了解設計主軸，通常會在手繪圖中，加註書寫部分文案。
5. 完成。

[step 1] 步驟一

1. 手繪設計圖為：台灣伴手禮復古展售區
2. 將紙張畫面區分 A 與 B 二區。
3. A 老台灣醬菜車、B 老台灣柑仔店。
4. 先以 HB 鉛筆輕柔繪製出粗略陳放位置，需注意兩展區的大小比例。

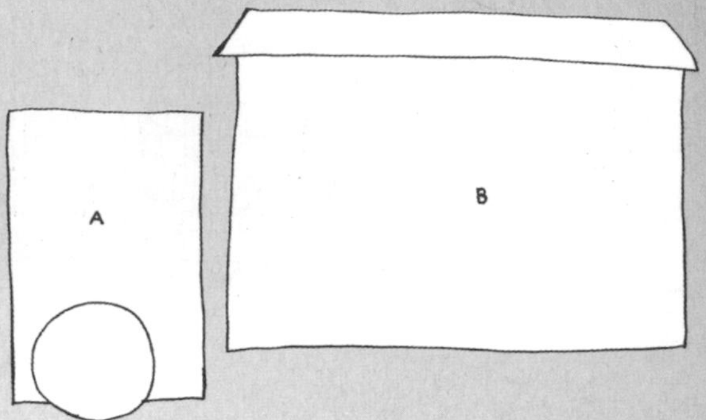

[step 2] 步驟二

1. 再將 A 與 B 兩商品展售區立體化，繪製出相關立體線條。
2. A 老台灣醬菜車：注意車身、輪子、醬菜車屋簷等大小比例。
3. B 老台灣柑仔店：繪製各部位結構圖時，需注意柑仔店屋簷、紅磚柱、陳列台、背景圖等相關位置。
4. A 老台灣醬菜車為前景圖，B 老台柑仔店為後景圖。

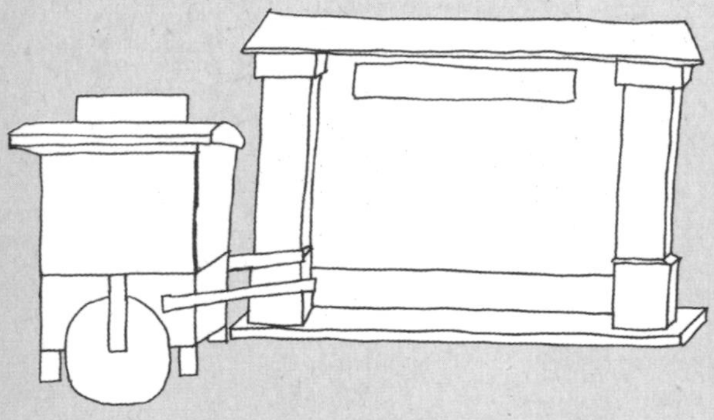

[step 3] 步驟三

1. A 與 B 兩商品展覽區內部結構圖繪製。
2. A 老台灣醬菜車：將車輪、玻璃窗等相關立體圖形畫出。
3. B 老台灣柑仔店：紅磚柱上的標語區位置預留、伴手禮陳放區位置預留、廣告招牌位置預留。
4. 檢視相關鉛筆線條是否正確，並擦拭多餘不相干的重複線條。

[step4] 步驟四

1. 再將 A、B 商品陳列圖細部繪製。
2. A 老台灣醬菜車：繪製醬菜車內的伴手禮陳列物與車輪幅條等相關細節構圖。
3. B 老台灣柑仔店：繪製柑仔店內的伴手禮陳列物與背景相關文物細節構圖。
4. 將 A、B 兩商品的文字部分書寫出來。

[step5] 步驟五

1. 精緻描繪工程，建議使用 0.1、0.3 與 0.5 水性針筆繪製。
2. 將鉛筆稿完成的主體圖，使用水性針筆重新描繪一次。
3. B 老台灣柑仔店：需將牆面及紅磚柱加畫紅磚格子圖。
4. 完成針筆描繪工程後，再將多出的鉛筆線條擦拭掉。

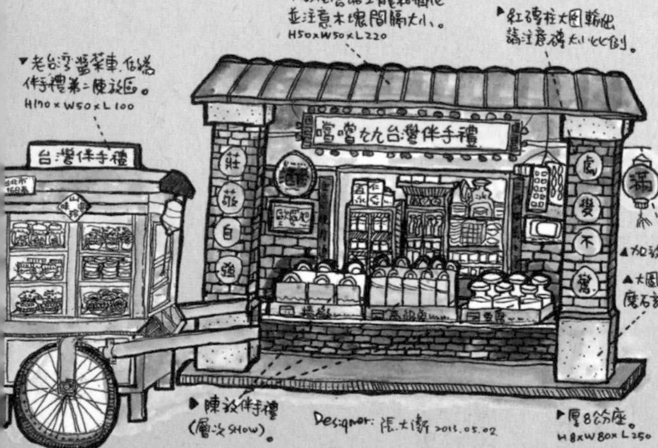

[step6] 步驟六

1. 進行水彩上色工程時，請先將針筆原稿 COPY。
2. 使用 COPY 稿進行水彩上色。
3. 由於部分圖件細微且複雜，需注意上不同色塊時，需細心上色避免色塊跨區造成暈染。
4. 上色完成靜待 3-5 分鐘後，再進行二次上色。
5. 主體圖上色完成後，再以針筆描繪被水彩覆蓋的手繪稿線條。

參考資料。

[書籍]

The Teruhisa Kitahara Collection, Photos by Yukio Shimizu. *Robots:Spaceships & other Tin Toys*. 2006 TASCHEN GmbH.

吳文星審訂，莊永明策畫，遠流台灣世紀回味編輯組，2005。《認識台灣，回味 1895-2000》。台北市：國立台灣歷史博物館籌備處，遠流出版公司。

王思迅、吳志鴻、胡宏明，2004。《台灣古董雜貨珍藏圖鑑》。台北市：果實出版社。

[網路]

中國強球鞋 http://shiningday.myweb.hinet.net/
白蘭洗衣粉 http://www.unilever.com.tw/our-brands/detail/Bailan/338402/
黑人牙膏 http://www.darlie.com.tw/zh-tc/index.aspx
黑松網路世界 http://www.heysong.com.tw/
味全奶粉 http://www.weichuan.com.tw/
山葉機車 http://www.yamaha-motor.com.tw/
偉士牌機車 http://tw.vespa.com/
陳子福 / 財團法人國家電影資料館 http://www.ctfa.org.tw/filmmaker/content.php?id=638
台中慶用 1 號 / 鈺堃食品機械企業有限公司 http://www.globalbear.com.tw/jianjie.asp
太子龍 / 台南紡織 http://www.tainanspin.com.tw/
台灣菸酒 http://www.ttl.com.tw/home/home.aspx
大同公司 http://www.tatung.com.tw/
三菱公司 http://www.mitsubishielectric.com.tw/
台視公司 http://www.ttv.com.tw/
遠東集團 http://www.feg.com.tw/
明星花露水 http://taiwanpedia.culture.tw/web/content?ID=22122
葡萄王生技 http://www.grapeking.com.tw/
ET 外星人 http://zh.wikipedia.org/wiki/E.T.%E5%A4%96%E6%98%9F%E4%BA%BA
中華郵政 http://www.post.gov.tw/post/index.jsp
中華電信 http://www.cht.com.tw/

感謝。

[懷舊店家資訊]

新食代祖傳瓜仔肉飯
[電話] 02-8282-3131
[地址] 新北市蘆洲區中原路 49 號 1 樓

王朝手工湯包 / 蒸餃
[電話] 03-3732001
[地址] 桃園八德市長興路 700 之 6 號

公車滷味香雞排
[電話] 0923-117-117
[地址] 台中市東區復興路四段 185 號

閃亮三姊妹碇內火鍋店
[電話] 02-2457-8000
[地址] 基隆市暖暖區碇內街 90 號

凱 · 鍋燒麵
[電話] 02-2377-8200
[地址] 台北市信義區吳興街 8 巷 5 號

幸福宴婚宴主題餐廳
[電話] 02-2688-2701
[地址] 新北市樹林區三俊街 1 號

內灣戲院人文客家菜館
[電話] 03-584-9260
[地址] 新竹縣橫山鄉內灣村 227 號

台灣香蕉新樂園
[電話] 04-2234-5402
[地址] 台中市雙十路二段 111 號

MUSEUM COFFEE
[電話] 02-2725-1386
[地址] 台北市信義區光復南路 421 巷 9-1 號

台灣鹿港囝仔人文生活館
[電話] 04-777-0921
[地址] 彰化縣鹿港鎮中山南路 47 號

寶島時代村
[電話] 04-9230-5000
[地址] 南投縣草屯鎮中正路 1039 號

黃金博物館 / 昇平戲院
[電話] 02-2496-2800
[地址] 新北市瑞芳區金瓜石金光路 8 號

信義公民會館 / 四四南村
[電話] 02-2723-7937
[地址] 台北市信義區松勤街 50 號

台灣股票博物館
[電話] 02-2514-1300
[地址] 台北市復興北路 365 號 3 樓

黑松世界博物館
[電話] 03-452-3101
[地址] 桃園縣中壢市中園路 178 號

大食代美食廣場
[電話] 02-2958-9647
[地址] 新北市板橋區新站路 28 號 B1F

阿源哥哥／企業廣告人型館
http://tw.myblog.yahoo.com/ys19882001

小基 / 新高町俱樂部工作室
http://tw.myblog.yahoo.com/jw!atyucpuZEx3uzN_KsbZsGirybw--/

國家圖書館出版品預行編目資料

圖解台灣懷舊柑仔店 / 張信昌著．一 二版．一
臺中市：晨星出版有限公司，2024.03
面；　公分．一（圖解台灣；2）
ISBN 978-626-320-782-0（平裝）

1.CST：民俗文物 2.CST：蒐藏品 3.CST：臺灣

733.4　　　　113001280

線上讀者回函，
加入馬上有好康。

圖解台灣 TAIWAN 02

圖解台灣懷舊柑仔店

作者	張 信 昌
主編	徐 惠 雅
執行主編	胡 文 青
美術設計	黃 千 玲 、 張 詠 翰
日文翻譯	范 志 仲
創辦人	陳銘民
發行所	晨星出版有限公司 台中市 407 工業區 30 路 1 號 TEL：04-23595820 FAX：04-23550581 E-mail：service@morningstar.com.tw 行政院新聞局局版台業字第 2500 號
法律顧問	陳思成律師
初版	西元 2013 年 7 月 10 日
二版	西元 2024 年 3 月 20 日
讀者服務專線	TEL：02-23672044 / 04-23595819#212 FAX：02-23635741 / 04-23595493 E-mail：service@morningstar.com.tw
網路書店	http：//www.morningstar.com.tw
郵政劃撥	15060393（知己圖書股份有限公司）
印刷	上好印刷股份有限公司

定價 450 元
ISBN 978-626-320-782-0
Published by Morning Star Publishing Inc.
Printed in Taiwan

台灣老玩具

無敵鐵金剛
台灣版的鐵金剛
好樸拙呀

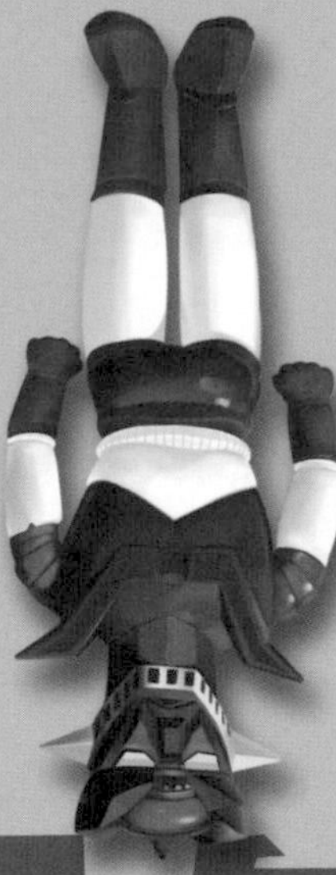

鐵皮三輪車

幸福玲瓏轉
台灣國民玩具

萬用卡

原地打轉並帶有七彩車尾圓盤鈴鐺，聲聲作響的鐵皮三輪。是台灣很多四、五年級生的共同玩具。物美價廉隨處可買是「它」給人親切的印象。鐵製的旋轉扭不只驅動了玩具三輪車，同時也啟動了許多人歡樂的孩童時光。

懷舊中藥銀粒仁丹

仁丹廣告

搖搖馬

驅動搖擺
甜蜜幸福滋味

萬用卡

創始人森下博，在1893年成立森下南陽堂之後，因應產品不同，陸續出現多款琺瑯材質的廣告牌，在日本街頭懸掛，日治期間的台灣也出現多款不同的仁丹廣告牌。

童年之際，最愛牽媽媽的手一起上市場。並不是真心入喜歡上市場，而是期待市場旁柑仔店門口的搖搖馬。回家前媽媽總會先買瓶養樂多，然後把我抱上搖搖馬，投入二元驅動馬兒前後擺動，並交給我一瓶插上吸管的養樂多。

台視1號

除了綜藝節目
還兼賣電視機

兒童座騎

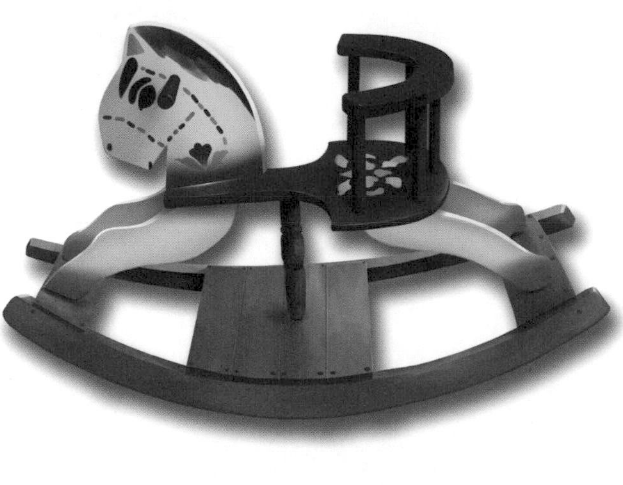

幸福的孩子
台灣囝仔兒童車

萬用卡

1962 年 10 月 10 日台視開播，由總統夫人蔣宋美齡女士按鈕開播，開啟台灣電視史，台灣從此進入了電視時代。台視公司除了製播節目，也販售電視，當時的電視機動輒是 4、5000 元，非常昂貴，實際擁有電視的家庭戶並不多，全台約莫四千台左右，為了推廣電視的普及率，台視還成立了接收機裝配廠推廣電視機並拓展外銷市場。

每位孩童人生的第一台「兒童座騎」應該都是從嬰兒推車開始吧！乘坐著父母所推娃娃車，應該是一生中最大的幸福之一，慢慢長大後木製搖搖馬也開始出現在家中客廳，那種邊搖邊被餵食的情景，是否也跟我一樣記憶猶新呢？

懐中
良薬
仁丹
銀粒と小粒

懷中
良藥
仁丹
銀粒と小粒

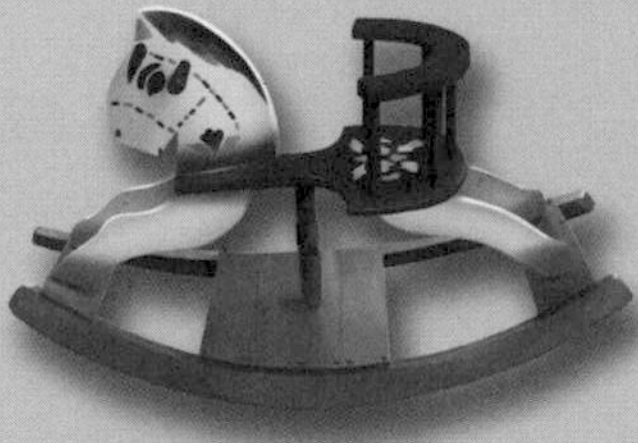